Mathias Schneid

Die Philosophie des hl. Thomas v. Aquin und ihre Bedeutung für die Gegenwart

Mathias Schneid

Die Philosophie des hl. Thomas v. Aquin und ihre Bedeutung für die Gegenwart

ISBN/EAN: 9783743671799

Hergestellt in Europa, USA, Kanada, Australien, Japan

Cover: Foto ©Thomas Meinert / pixelio.de

Weitere Bücher finden Sie auf www.hansebooks.com

Die Philosophie des hl. Thomas v. Aquin

und

ihre Bedeutung für die Gegenwart.

Zugleich eine Rechtfertigung der Encyclika „Aeterni Patris."

Von

Dr. Math. Schneid,
Prof. der Philosophie am bischöfl. Lyceum in Eichstätt.

Würzburg, 1881.

Leo Woerl'sche Buch- und kirchl. Kunstverlagshandlung.

Agentur von Leo Woerl in Wien I Spiegelgasse 12.

Die Philosophie des hl. Thomas v. Aquin

und ihre Bedeutung für die Gegenwart.

Zugleich eine Rechtfertigung der Encyclika „Aeterni Patris."

Von

Dr. Math. Schneid,
Prof. der Philosophie am bischöfl. Lyceum in Eichstätt.

Würzburg, 1881.

Leo Woerl'sche Buch- und kirchl. Kunstverlagshandlung.

Agentur von Leo Woerl in Wien I Spiegelgasse 12.

Zum

eilfhundertsten Gedächtnißtage

des

seligen Hinganges des hl. Willibald,

ersten Bischofs von Eichstätt.

Inhalt.

	Seite
Vorwort	5
Einleitung	7
1. Kapitel. Das Wesen der Philosophie des hl. Thomas	9
2. Kapitel. Das Ansehen der Philosophie des hl. Thomas in den verschiedenen Jahrhunderten	36
3. Kapitel. Die Bedeutung der thomistischen Philosophie für die Gegenwart	62
1. Für die Philosophie	64
2. Für die Theologie	79
3. Für die Naturwissenschaft	91
4. Für die Rechts- und Socialwissenschaft	103

Vorwort.

Bald nach der Publikation der päpstlichen Encyclika über die Erneuerung der christlichen Philosophie im Geiste des hl. Thomas von Aquin ist der Verfasser angegangen worden, eine Schrift über die Bedeutung der thomistischen Philosophie abzufassen. Durch anderweitige Arbeiten verhindert, konnte derselbe dem Ersuchen nicht entsprechen. Später abermals und von mehrfacher Seite dazu aufgefordert, übernahm er es, in den folgenden Zeilen der Anforderung zu willfahren, um auch seinerseits ein kleines Scherflein beizutragen, auf daß die in dem genannten Rundschreiben ausgesprochenen sehnlichsten Wünsche unseres hl. Vaters sich verwirklichen. Der Umstand, daß seine Schrift fast zwei Jahre nach dem Erscheinen dieses Rundschreibens ausgearbeitet wurde, hat den Vortheil gebracht, daß sie die seither entstandenen Bedenken und Einwürfe berücksichtigen konnte. Bezüglich des Inhalts derselben hat der Verfasser nichts weiter zu bemerken, als daß er die neueste thomistische Literatur fleißig citiren zu müssen glaubte, um die hierin weniger Bewanderten auf jene Quellen zu verweisen, aus denen die reine Lehre des Aquinaten fließt.

Eichstätt am Feste des hl. Thomas v. Aquin 1881.

Der Verfasser.

Einleitung.

Die Encyclika „Aeterni Patris" hat unter den katholischen Denkern einen wahren Wetteifer erzeugt, die Philosophie des hl. Thomas von Aquin auf allen Gebieten zu restauriren. In fast allen katholischen Schulen Italiens, Frankreichs, Englands, Belgiens und auch Deutschlands führt der Engel der Schule bereits wieder das Scepter. Dieselbe Encyclika hat aber auch all die alten Vorurtheile, Irrthümer und Verläumdungen über die mittelalterliche Wissenschaft wieder wach gerufen. Wären diese irrigen Ansichten in der früheren Gestalt aufgetreten, so bräuchten wir dieselben nicht neuerdings zu widerlegen, da dieselben längst und zu wiederholten Malen gründlich und allseitig entkräftigt worden sind. Weil aber Leo XIII. nicht einfach zur alten Wissenschaft zurückkehren heißt, sondern von all den großen mittelalterlichen Meistern den Aquinaten allein als Vorbild und Muster aufgestellt hat, so richten diese Vorwürfe ihre Spitze zumeist gegen den englischen Lehrer. Man sagt, daß die genannte Encyclika fortan alles Philosophiren in der katholischen Welt unmöglich mache, da sie alles Forschen und Denken der Autorität des hl. Thomas unterwirft. In Zukunft heiße philosophiren soviel, als untersuchen, was der doctor angelicus gelehrt habe. Dieß sei um so bedenklicher, als wir bei Thomas nicht einmal eine selbstständige Philosophie finden, da er nur Theologe gewesen und nur im Interesse der Theologie philosophische Forschungen angestellt habe. Das Uebel sei um so ärger, als der Papst durch seinen Schritt selbst jenen Rest wissenschaftlicher Freiheit vernichtete, der im Mittelalter den verschiedenen Schulen zugestanden war. Damals sei

der thomistischen Schule die der Skotisten und anderer gegen=
über gestanden. Nunmehr solle nur die thomistische Lehre kirch=
lich erlaubt sein. Das verstehe sich von selber, daß eine Ge-
dankenrichtung, die vor 600 Jahren Bedeutung gehabt haben
mochte, die Bedürfnisse unserer Zeit nicht befriedigen und zur Lösung
der gegenwärtigen wissenschaftlichen Aufgaben nicht dienen könne.
Leider kommen diese und ähnliche Klagen, wenn auch in
abgeschwächter Form, mitunter auch aus dem Munde von katholischen
Gelehrten, worüber wir uns nicht zu wundern brauchen. Die
moderne Philosophie, welche seit Cartesius zur Herrschaft gekommen
ist, hat auch in die katholische Wissenschaft Eingang gefunden
und daselbst arge Verwüstungen angerichtet. Wenn sich auch die
katholische Wissenschaft in den letzten Jahrzehnten von dieser Herr=
schaft zu befreien gesucht hat, so sind doch mancherlei Spuren
zurückgeblieben. Hieher gehört eine gewisse Scheu vor allem,
was mit der Scholastik zusammenhängt, selbst bei solchen, welche
ganz correct kirchlich denken wollen.

Da alle diese Anklagen und Vorwürfe zumeist in einer
Unkenntniß der alten Wissenschaft und ganz besonders der thomistischen
Speculation wurzeln, so können wir zu ihrer Widerlegung nichts
Besseres thun, als daß wir zeigen, worin das Wesen und die
Natur der Philosophie des Aquinaten besteht und welches An=
sehen sie von jeher in der kirchlichen Wissenschaft besessen hat.
Es wird uns dann ein Leichtes sein, aus den Eigenschaften dieser
Philosophie nachzuweisen, daß sie auch für unsere Zeit noch brauch=
bar und für den Fortschritt in der Philosophie nicht nur nicht
hinderlich, sondern sogar förderlich ist. Die folgenden Zeilen
werden deßhalb handeln: 1. von dem Wesen der Philosophie des
hl. Thomas; 2. von ihrem Ansehen in der kirchlichen Wissen=
schaft und 3. von ihrer Bedeutung für die Gegenwart.

Da wir weniger für Fachmänner als für die Anfänger in
der Philosophie und Theologie und jene gebildeten Laien schreiben,
welche sich für die wissenschaftlichen Bestrebungen des hl. Vaters
interessiren, so werden wir unsere dreifache Aufgabe in einer ein=
fachen und möglichst verständlichen Weise zu lösen suchen.

I. Kapitel.
Das Wesen der Philosophie des hl. Thomas.

Man darf getrost behaupten, daß die Philosophie in der katholischen Kirche so alt ist, wie die Theologie. Die ersten Glaubensboten mußten nicht blos einen blutigen Kampf auf der Arena des Colosseums und auf dem Blutgerüste bestehen, sie mußten auch mit den Waffen des Geistes der christlichen Kultur den Eingang in die Welt erzwingen. Um aber diesen geistigen Kampf führen zu können, mußten sie sich das Studium der heidnischen Philosophie besonders angelegen sein lassen, denn ihre geistigen Gegner waren zumeist Philosophen. Daraus erklärt sich das große Lob, das die Väter der Philosophie spenden. Sie nennen dieselbe bald einen Schutzwall, der die evangelische Wahrheit vor den Sophisten schützt, bald einen Schild, der die Pfeile des Irrthums auffängt, bald einen Führer zum Evangelium.

Die hl. Väter mußten aber auch deßwegen von der Philosophie so großen Gebrauch machen, weil die Irrlehrer der ersten Jahrhunderte ihre Häresien der heidnischen Philosophie entnahmen; man denke an die gnostischen und manichäischen Irrlehren. Die griechische Philosophie stand damals bei allen Gebildeten im höchsten Ansehen, und die Häretiker hatten schon viel erreicht, wenn sie glauben machen konnten, daß das Christenthum mit der griechischen Philosophie unverträglich sei. Um den Mißbrauch, den die Sektirer mit der griechischen Philosophie trieben, zu entlarven und ihre Irrthümer zu widerlegen, war deßhalb ein gründliches und allseitiges Studium der heidnischen Philosophie nöthig.

Die Väter wollten aber nicht blos die Angriffe der heidnischen Weltweisheit mittelst der Philosophie zurückweisen, sie wollten noch mehr die Heiden für das Christenthum gewinnen. Um die Ungläubigen für die christlichen Lehren empfänglicher zu machen, wiesen sie nach, daß die geoffenbarte Wahrheit mit den wahren Lehren der Philosophie nicht im Widerspruch stehe, und daß das Christenthum mit allem Wahren und Guten der heidnischen Cultur recht wohl verträglich sei. Die christlichen Apologeten unterlassen jedoch nicht, stets zu betonen, wie hoch das Christenthum mit seiner Fülle von Wahrheit über der heidnischen Philosophie erhaben sei; sie wiederholen immer, in welch große Irrthümer auch die weisesten der heidnischen Denker gefallen sind, um die Wohlthat der Offenbarung im rechten Lichte erscheinen zu lassen. Ganz besonders ist es die Unbegreiflichkeit der christlichen Geheimnisse, welche sie der Philosophie gegenüber festhalten. Die Vernunft vermag wohl einige religiöse Wahrheiten durch eigene Kraft zu erkennen, nie und nimmer aber vermag sie die großen Geheimnisse der Trinität, Menschwerdung und Erlösung begreiflich zu machen; sie kann dieselben nur beleuchten und dem Verständniß in etwas nahe bringen. Um diese Verwerthung der Philosophie zur Entwicklung der göttlichen Geheimnisse zu rechtfertigen, vergleichen die christlichen Lehrer die heidnische Philosophie bald mit den goldenen und silbernen Gefäßen der Aegypter, welche die Israeliten mitnahmen und zum hl. Dienste verwendeten, bald mit dem fremden Weibe, das beim Volke Gottes eingeführt werden darf, sobald es die Haare abgeschnitten und alles Ueberflüssige von sich gethan hat, bald mit der Weisheit der Chaldäer und Aegyptier, welche Moses und Daniel lernten, nicht um sie zu befolgen, sondern um auf sie hinzuweisen und sie zu widerlegen. Sie sagen, daß sie in ihrer philosophischen Thätigkeit dem David gleichen, der dem stolzen Goliath das Schwert entwunden und ihm mit dessen eigenem Schwert das Haupt abgeschlagen hat.[1])

Dieser dreifachen Benützung der heidnischen Philosophie verdanken wir die herrlichen Blüthen philosophischer Weisheit, an denen die hinterlassenen Folianten der Väter so reich sind. Allerdings finden wir daselbst die philosophischen Materien nicht syste-

---

[1]) Vgl. S. Thom. Contra impugn. relig. pars III. c. 15.

matisch und erschöpfend behandelt, wir finden bei ihnen noch kein philosophisches System, aber das, was sie fragmentarisch nach Zeit und Umständen und nach der Beschaffenheit des Gegners niederschrieben, zeigt von reicher und tiefer philosophischer Kenntniß und von großer Gewandtheit in der Spekulation. Für den hl. Augustin ist dieses Lob sogar noch zu gering. Von ihm bemerkt mit Recht Leo XIII. in seiner Encyclika: „Welche philosophische Frage hat dieser nicht berührt oder besser gesagt, welche hat er nicht auf das sorgfältigste untersucht? .... Wieviel hat er nicht über die Engel, die Seele, den menschlichen Verstand, über den Willen und dessen Freiheit, über die Religion und das jenseitige Leben, über Zeit und Ewigkeit und selbst auch über die Natur der veränderlichen Körper in höchst scharfsinniger Weise philosophirt?"

Es entsteht nunmehr die Frage, welchen von den heidnischen Philosophen die Väter zu ihrem Führer erkoren haben. Die Antwort darauf lautet sehr verschieden. Nach den Einen sollen die Väter und ersten christlichen Philosophen Eklektiker gewesen und keinem Philosophen mit Vorliebe gefolgt sein; dagegen behaupten andere, daß dieselben Platoniker gewesen seien und den Aristoteles gar nicht berücksichtigt, ja sogar verschmäht haben. Die Wahrheit liegt auch hier in der Mitte. Die ersten christlichen Denker haben sich an keinen heidnischen Philosophen streng angeschlossen; sie haben die philosophische Wahrheit, die an sich weder heidnisch noch christlich ist, in gleicher Weise jedem Denker entnommen, bei welchem sie solche fanden. So viel ist richtig, daß die Väter der ersten Jahrhunderte mit Vorliebe die Lehren Plato's benützen. Sie waren zumeist selbst in den platonischen Schulen aufgewachsen, wie auch der größte Theil ihrer Gegner Anhänger der herrschenden Philosophie des Neuplatonismus waren. Zudem hielt man allgemein dafür, daß die Lehren Plato's dem Christenthum näher stünden, als die des Aristoteles. Doch soll damit nicht gesagt sein, daß die Väter die aristotelische Philosophie nicht kennen und nicht benützen. Sie mußten dieselbe kennen, wenn sie die ersten Irrlehrer in der Kirche, z. B. die Antitrinitarier und Anomöer, bekämpfen wollten, denn diese beriefen sich auf Aristoteles, weßhalb sie von den Vätern „junge Aristotelifer" genannt werden. Zudem brachte der Neuplatonismus das Studium der aristotelischen Lehre mit sich, denn dieser ist ein Gemisch platonischer und aristotelischer Gedanken. Wir finden deßhalb bei jedem der ersten christlichen Denker mehr oder minder Kenntniß der Philosophie des Stagiriten. Gregor von Nazianz hat sogar eine Abkürzung des Organon bearbeitet, während der hl. Hieronymus die Commentare des Alexander Aphrodisias übersetzte. Gregor von Nyssa citirt in seinem Dialog de anima ejusque resurrectione unter den Lehren vieler anderer Philosophen ziemlich genau und ausführlich auch die aristotelische Psychologie, die er jedoch bekämpft.[1]) Noch mehr macht Nemesius, Bischof von Emesa (400 n. Chr.), in seinem Buche de natura hominis von der Psychologie des Aristoteles Gebrauch. Der hl. Augustin zieht wohl den göttlichen Plato dem Aristoteles vor, allein er bekundet große Kenntniß und Verehrung gegen den letzteren. Man schreibt ihm sogar eine Uebersetzung und Commentirung der aristotelischen Kategorien zu.[2]) Soviel steht fest, daß er im Anschluß an die Kategorienlehre ein Handbuch der Logik verfaßt hat. Ganz besondere Verdienste um die aristotelische Philosophie im Abendlande hat sich Boëthius erworben. Er ist wohl auch Platoniker, aber so, daß er zugleich Aristoteliker ist. „Plato noster" und „Aristoteles meus" heißt es oft in seinen Schriften. Er hat über Aristoteles die ausgedehntesten Studien gemacht.[3]) Aus seinen Werken läßt sich ziemlich sicher nachweisen, daß er alle uns erhaltenen Werke des Aristoteles besaß. Es war seine Absicht, alle Schriften des Aristoteles in's Lateinische zu übersetzen. Leider hat er nur die logischen Schriften in's Lateinische übertragen und einige derselben commentiren können. Aus Andeutungen in seinen uns erhaltenen Schriften kann man entnehmen, daß zu seiner Zeit die aristotelische Philosophie eifrig studirt wurde.

Dieselben Gründe, welche die Väter in den ersten 6 Jahrhunderten die heidnische Philosophie eifrig studiren und benützen ließen, dieselben Gründe bewegen auch die christlichen Lehrer in den folgenden und bis herauf zum 13. Jahrhundert, das Studium

---

[1]) Vgl. Stigler „Die Psychologie des hl. Gregor von Nyssa." Regensburg 1857. S. 33. ff.

[2]) Diese Arbeit soll nach neuesten Forschungen nicht dem Augustin angehören, sondern dem Vegetius Prätextatus.

[3]) Seine Bemühungen um die Philosophie des Stagiriten behandelt ausführlich Stahr „Aristoteles bei den Römern." Leipzig 1834. S. 196—234.

der heidnischen Philosophie beizubehalten. Allerdings war das Heidenthum überwunden, seine Götzenbilder waren in den Staub gesunken und an ihrer Stelle hatte sich allüberall das hehre Zeichen der Erlösung erhoben. Aber damit hatten die äußeren Feinde des Glaubens nicht aufgehört, an die Stelle des Heidenthums trat ein nicht minder mächtiger und gewaltthätiger Gegner — der Islam. Gegen ihn konnten die christlichen Theologen weniger mit der Schrift und der Auktorität kämpfen, als mit der Schärfe des Verstandes. Wir sehen darum sowohl im Morgen= als im Abendlande Werke erstehen, die mehr apolo= getischen Charakter tragen und deshalb die Philosophie stark ver= werthen. Zu den äußeren Feinden kamen auch innere, nämlich Irrlehrer. Dieselben sind in dieser Periode wohl nicht so zahl= reich, aber sie fehlen nicht; wir erinnern nur an Berengar, an die kühnen Lehren des Skotus Erigena und Abälard. Es ist aber bekannt, daß auch diese in ihren Angriffen gegen die Kirche sich auf die Philosophie beriefen. Abermals mußten die kirch= lichen Lehrer sich philosophisch waffnen, um diese kühnen Dialek= tiker in ihre Schranken zurückzuweisen.

Wir haben bereits von den Vätern gehört, daß sie nicht blos um der Vertheidigung des Glaubens willen die griechischen Philosophen studirten, sondern auch, um den Glauben wissen= schaftlich zu durchdringen und sein Verhältniß zur Vernunft richtig zu stellen. Dieses Bedürfniß machte sich noch mehr in den späteren Jahrhunderten geltend, ganz besonders in der Zeit nach der Völkerwanderung, als die Christen anfingen, Schulen für höhere Bildung zu errichten. Aber welches Schulbuch sollte man für die Philosophie einführen? Darüber war man nicht im Zweifel. Schon seit den ersten Zeiten des Christenthums hatte man erkannt, daß die Schriften des Aristoteles sich für den Unterricht viel besser eignen, als die poesie= und mythenreichen Dialoge des Plato. Deßhalb kann uns Eusebius berichten, daß schon an der Schule zu Alexandrien der hl. Anatolius, später Bischof von Laodicea, und Hierokles die aristotelische Philosophie vortrugen. Als im 4. Jahrh. Marius Viktorinus die Isagoge des Porphyrius, die officielle Einleitung in das Organon des Stagiriten, in's Lateinische übertragen und um dieselbe Zeit Albinus, Vegetius Prätextatus und Tullus Marcellus, denen sich etwas später in großartiger Weise Boëthius und Cassiodor anschlossen, die Kategorien und die Schrift de interpretatione des Aristoteles den Lateinern vermittelt hatten: wurden die Isagoge, die Kategorien und die Interpretation die Handbücher in allen Schulen des Abendlandes. Dieß gilt besonders von den um b. J. 470 verfaßten Artes liberales des Marcianus Capella, deren viertes Buch eine vollständige Schullogik der damaligen Zeit enthält und sich aus den genannten drei aristotelischen Schriften zusammensetzt.[1])

Alle philosophische Thätigkeit in diesen Jahrhunderten drehte sich um diese drei Schriften. Das Lob der Kategorien stieg so hoch, daß man sie sogar in Verse brachte, was gewiß viel heißen will. Dabei wurde Plato nicht vergessen. Rhabanus Maurus verlangt von den Schülern, daß sie sich ganz besonders in der Dialektik, namentlich im Syllogismus üben sollen, auf daß sie die Häresie bekämpfen und das Dogma vertheidigen lernen, aber sie dürften Plato nicht vergessen.

Man wird fragen, warum sich aller philosophischer Unterricht nur um diese drei logischen Schriften bewegte, die nicht einmal die ganze Logik des Stagiriten bieten. Bekanntlich handelt die Isagoge nur von den fünf Präbikabilien (genus, species, differentia, proprium und accidens), die Kategorienlehre von den allgemeinsten Gattungsbegriffen unseres Denkens und die Interpretation von dem äußern Ausdruck unseres Denkens im Worte und Satze. Die Antwort ist sehr einfach: man besaß nicht mehr von den aristotelischen Schriften,[2]) ja man wußte vielfach nicht einmal, daß Aristoteles mehr geschrieben habe, man hielt diese logischen Lehren für seine ganze Philosophie. Diese Thatsache erklärt uns sehr viel. Sie erklärt uns die oft lächerliche Uebertreibung der formalen Logik; sie erklärt uns, warum in diesen Jahrhunderten alle Wissenschaft den dialektischen Charakter trägt. Die Dialektik gilt nicht als ein Theil der Logik, sie gilt als die ganze Logik, noch mehr sie wird für die Philosophie selber gehalten, sie ist die disciplina disciplinarum, dux universae

---

[1]) Vgl. über die philosophische Thätigkeit der genannten Männer Prantl's „Geschichte der Logik im Abendlande" Bd. I, Abschnitt XII „Die spätere römische Logik."

[2]) Boëthius hatte allerdings auch die anderen logischen Schriften übersetzt, aber sie blieben unbeachtet und vergessen. Vgl. Prantl b. c. W. II Bd. p. 4.

scientiae, sola dicenda scientia.¹) Es darf uns deßhalb nicht wunder nehmen, wenn wir alles auf dialektischem und syllogistischem Wege ausmachen sehen, wenn nicht blos ontologische, sondern auch theologische Fragen dialektisch entschieden werden. Welch' großen Schaden diese excessiv cultivirte Dialektik anrichten konnte, sehen wir an Skotus, Berengar und an der Irrlehre des Adoptianismus. Auch der Nominalismus eines Roscellin, wie der excessive Realismus des Wilhelm von Champeaux wurzeln in der alles beherrschenden Dialektik. Der Erste übertreibt das Wort, der Zweite übertreibt den Begriff und identificirt ihn mit dem Objekte. Im Hinblicke auf diese Uebel urtheilen auch jetzt wieder, wie früher zur Väterzeit, manche Lehrer und Theologen sehr abfällig über die Dialektik und Philosophie; sie warnen mitunter vor ihrem Studium. Manche wollen aus solchen Aeußerungen schließen, daß die Kirche und ihre Lehrer überhaupt das Studium der Philosophie mißbilligt haben. Das ist aber ganz falsch. Diese abfälligen Urtheile gehören auch jetzt, wie früher, dem Mißbrauch der Philosophie an, aber nicht der Philosophie selber.

Die Auswüchse der Dialektik wurden wohl im 11. und 12. Jahrhundert etwas zurückgedrängt und gemildert. Das Hauptverdienst gebührt dem hl. Anselm. Er machte auf dem Gebiete der Theologie den Glauben zur Grundlage alles Forschens; bekannt ist sein Ausspruch: Non quaero intelligere, ut credam, sed credo, ut intelligam. Auch alles philosophische Wissen soll sich am Glauben prüfen. Dabei blieb er jedoch noch vielfach in der dialektischen Strömung gefangen. Der im 12. Jahrhundert in der Uebersetzung des Chalcidius bekannt gewordene Timäus des Plato gab der Philosophie einen realen Inhalt, und so sehen wir in diesem Jahrhundert eine Anzahl von Platonikern erstehen, die sich abmühen, Aristoteles und Plato mit einander zu verbinden. Aber auch die erneuerten platonischen Studien konnten die Gefahr der Dialektik nicht ganz beseitigen. Im Gegentheil, der neue Platonismus ist die Quelle neuer Irrthümer, man denke an Abälard, Gilbert v. Porré, Wilhelm v. Conches, welche der platonischen Richtung des 12. Jahrhunderts angehören. Eine radikale Heilung der dialektischen Uebertreibung konnte erst

---

¹) Vgl. Van Weddingen „Sur la philosophie de S. Anselm de Cantorbéry" Bruxelles 1875. p. 16.

mit dem Bekanntwerden der übrigen aristotelischen Werke, namentlich seiner metaphysischen, eintreten. Die Metaphysik des Aristoteles geht seiner Kategorienlehre parallel; die Grundbegriffe der Kategorienlehre werden in ihr zu Grundbestimmungen und Grundgesetzen des Seins. Dadurch ist die Logik ergänzt und der Philosophie ein objektives Element gegeben; die Wortklaubereien wie die spitzfindigen Abstraktionen der Dialektik müssen aufhören. Zur rechten Zeit hat die Vorsehung diese Bekanntschaft mit den übrigen erhaltenen Schriften des Fürsten der Metaphysik herbeigeführt; es war am Anfang des 13. Jahrhunderts. Damit beginnt eine neue und höhere Periode der christlichen Spekulation.

Es gibt sehr viele, welche das Bekanntwerden der sämmtlichen aristotelischen Schriften im christlichen Abendlande für ein Unglück halten. Erst in unsern Tagen mußten wir den alten Vorwurf wiederholt vernehmen, daß die blinde Hingabe an Aristoteles im 13. und in den folgenden Jahrhunderten die christliche Wissenschaft tief geschädigt habe. Die überschwängliche Begeisterung für den Fürsten der Peripatetiker hätte die mittelalterlichen Lehrer die Mängel der aristotelischen Philosophie übersehen und von derselben einen solchen Gebrauch machen lassen, der selbst der Glaubenswahrheit verderblich wurde. Es ist wahr, daß sich die scholastischen Lehrer für die neuen philosophischen Wahrheiten außerordentlich begeisterten. Wenn sie schon von den wenigen logischen Schriften des Stagiriten für die christlichen Schulen und für die christliche Wissenschaft so großen Nutzen schöpften, was durften sie nicht erst von seinem großartigen Wissenssystem erwarten? Es ist wahr und sehr erklärlich, daß sie alle ihre geistige Kraft aufboten, diese neuen Wissensschätze zu studiren und in sich aufzunehmen. Aber es ist nicht wahr, daß sie aus blinder Anhänglichkeit an Aristoteles der Philosophie einen größeren Einfluß auf die christliche Speculation gestatteten, als es die früheren christlichen Lehrer gethan haben. Sie haben sich der aristotelischen Philosophie gegenüber gerade so verhalten, wie ein Origenes, Clemens v. Alexandrien, Gregor v. Nyssa der platonischen Philosophie gegenüber, und wie überhaupt alle früheren christlichen Denker der heidnischen Philosophie gegenüber sich benommen haben. Sie haben die aristotelische Philosophie studirt, um die aus dieser Philosophie hervorgehenden glaubensgefährlichen Irrthümer zu bekämpfen und um den

Wahrheitsgehalt dieser Philosophie für die Entwicklung der geoffenbarten Wahrheit zu verwerthen. Das Folgende soll den Beleg für diese doppelte Behauptung erbringen.

Bekanntlich erhielten die christlichen Lehrer des 13. Jahrhunderts die aristotelischen Werke aus der Hand der Araber in Spanien; sie erhielten dieselben jedoch nicht rein und unverfälscht, sondern mit den größten Irrthümern vermischt. Die arabischen Philosophen schrieben viele Commentare zu den Schriften des Aristoteles und trugen in denselben alle neuplatonischen Irrthümer in die aristotelische Philosophie hinein. Diese Fälschung ist um so leichter erklärlich, als die arabischen Philosophen den Aristoteles nicht im Urtexte, sondern in syrischen, neuplatonisch gefärbten Uebersetzungen studirten. An der Spitze dieser arabischen Aristoteliker steht Averroës (Ibn Roschd), ein abgöttischer Verehrer des Stagiriten, der fast zu allen Schriften des Aristoteles mehrfache Commentare schrieb. Große Berühmtheit erlangte sein „großer Commentar", in welchem er mit Scharfsinn und Aufwand von großer Gelehrsamkeit die aristotelischen Gedanken entwickelte. Seine Schriften und Commentare sind es zumeist, welche in's Lateinische übersetzt, den Lateinern die aristotelische Philosophie vermittelten. Bedenkt man, daß die Lehre des Aristoteles an sich viele Irrthümer enthält, bedenkt man ferner, daß sich ihr auf ihrer Wanderschaft von Griechenland nach Syrien und von da über Afrika nach Spanien alle neuplatonischen Irrthümer anhängten, so begreift man, daß die aristotelischen Schriften trotz ihrer Schätze von Wissen auch große Gefahren bargen. Aus dem Munde des größten Denkers glaubte die christliche Welt zu hören, daß die Materie ewig, daß alle Wesen aus Gott emanirt seien, daß die Seele sterblich und das denkende Princip für alle Menschen ein einziges, der intellectus universalis, sei; ebenso, daß es keine göttliche Vorsehung gebe, sondern alles dem Fatum unterworfen bleibe. Bringt man noch in Rechnung, daß die jüdischen Philosophen, wie z. B. Maimonides, für die arabische Philosophie eintraten, und daß die Kaisermacht Friedrich II. von Hohenstaufen diese neuplatonischen Irrthümer an den Hochschulen seines Reiches begünstigte, so läßt sich ahnen, welch' große Gefahr in diesem averroistischen Aristoteles dem christlichen Abendlande drohte.

Es dauerte auch nicht lange, bis sich die schlimmen Früchte dieser Irrthümmer zeigten. Bei der allgemeinen Begeisterung für den Fürsten der Peripatetiker verschlangen viele diese Lehren, wie Wilhelm v. Auvergne, ein Zeitgenosse, schreibt, ohne sie nur zu untersuchen; man nahm sie einfach an und hielt sie für ausgemacht wahr. An der Universität Paris gab es in der Artistenfakultät nicht wenige Lehrer, die dem Averroismus leidenschaftlich huldigten und ihrem Unglauben offen vor ihren Schülern Ausdruck gaben. Zu welch' gräulichen pantheistischen Irrthümern David v. Dinanto und Amalrich v. Chartres durch den Arabismus verleitet wurden, ist bekannt. Selbst in die theologische Fakultät der Pariser Hochschule wußten die neuplatonischen Irrthümer einzudringen, und mancher Theologe fiel ihnen zum Opfer. Wie groß das Uebel sich gestaltete, läßt sich daraus entnehmen, daß sich die Kirche wiederholt veranlaßt sah, das Lesen der physischen und metaphysischen Schriften des Aristoteles zu verbieten, die zu diesen Irrthümern und Ketzereien Anlaß gaben. Um sich einen Begriff von der Verwüstung zu machen, die der Averroismus in den christlichen Schulen angerichtet hatte, muß man die Hunderte von Thesen lesen, welche damals an der Universität Paris und an anderen Hochschulen proscribirt wurden. Es finden sich Thesen darunter, die alle bisherige Lehre von Gott und den Menschen zerstören, welche die Auktorität der hl. Schrift in Frage stellen, die Wirksamkeit der Sakramente und die Auferstehung der Todten läugnen, den Glauben für eine Fabel und hinderlich für die Wissenschaft erklären.

In dieser bedrängnißvollen Lage schickte Gott der Kirche zwei Männer zu Hülfe, den hl. Franziskus und den hl. Dominikus. Die Söhne dieser beiden Ordensstifter begannen einen geistigen Kreuzzug gegen den unter aristotelischem Banner kämpfenden Islam, um das himmlische Jerusalem, das Reich der himmlischen Wahrheit und der hl. Kirche zu schützen und zu vertheidigen. Nach einem doppelten Plane konnten diese christlichen Streiter ihren Feldzug gegen die Mauren eröffnen, entweder, indem sie die aristotelische Philosophie verschmähten und als falsch zurückwiesen und in der bisherigen Weise die Dogmen vertheidigten, oder offensiv, indem sie die aristotelische Philosophie zu der ihrigen machten und so die Gegner auf dem eigenen Boden mit den eigenen Waffen schlugen. Obwohl es nicht an solchen fehlte, welche den ersteren Weg empfahlen und alle heidnische Wissenschaft aus der Kirche verbannt wissen wollten, wählten die Führer in diesem Streite den letzteren. Sie machten es, wie schon gesagt, ähnlich wie die Väter. Als in den ersten Jahrhunderten der Glaube durch die Neuplatoniker und Alexandriner bekämpft und die Autorität des Plato gegen das Christenthum mißbraucht wurde, da studirte ein Origines, Clemens, Tertullian und besonders ein hl. Augustin den Plato, um auf wissenschaftlichem und philosophischen Wege die Gegner zu widerlegen und das viele Gute der platonischen Philosophie für die christliche Wahrheit zu verwerthen. Derselbe Eifer für die Vertheidigung der christlichen Wahrheit treibt die Lehrer und Theologen des 13. Jahrhunderts zum eifrigen Studium der aristotelischen Werke. Sie werden Aristoteliker, um einen unnatürlichen Aristotelismus zu bekämpfen; sie erheben sich gegen jene, die fanatisch und sklavisch dem Aristoteles folgen und denen alles Denken und alle Wissenschaft im „Philosophen" aufgeht.

Wir verfolgen diesen Kampf gegen den Arabismus nicht in's Einzelne. Wir haben an einem anderen Orte[1]) ausführlich dargethan, wieviel Mühe sich die christlichen Lehrer gegeben haben, um Uebersetzungen zu erhalten, die den griechischen Urtext des Aristoteles zur Grundlage hatten, um so dem gefälschten Aristoteles den ächten gegenüber zu stellen. Ebenso haben wir dort nachgewiesen, wieviel Antheil ein jeder der großen Lehrer dieser Zeit an diesem Kampfe genommen hat. Man braucht übrigens nur die Schriften eines Wilhelm v. Auvergne, Albert d. Gr., Thomas, Duns Skotus, Heinrich von Gent und der anderen großen Zeitgenossen zu durchblättern, um sofort diese polemische Seite ihrer Schriften zu entdecken. Fast jeder dieser großen Scholastiker hat überdieß noch spezielle Schriften gegen die eine oder andere irrige Lehre des arabischen Peripateticismus geschrieben. Das Hauptverdienst in diesem Kampfe gebührt jedoch dem englischen Lehrer. Die Bekämpfung des Averroës und namentlich seines psychologischen Pantheismus setzt sich der Engel der Schule, fast jedes Blatt seiner Werke bekundet es, zu einer Hauptaufgabe seiner literarischen Thätigkeit. Hierin liegt eines seiner Haupt-

---

[1]) In der Schrift „Aristoteles in der Scholastik" (Eichstätt 1875) I. Abschnitt c. 1—4 und II. Abschn. c. 1 u. 2.

verdienſte. Mit Recht feiern deßhalb die Kunſtwerke des Mittelalters den engliſchen Lehrer als den gewaltigen Sieger über die arabiſche Weltweisheit; der durch ihn niedergeſtreckte Muſelmann iſt Averroës.

Die ſcholaſtiſchen Lehrer haben aber nicht blos deßhalb den Ariſtoteles ſtudirt, um mit der Schärfe des geiſtigen Schwertes den Islam auf ſeinem raſchen Siegeslaufe Halt zu gebieten, ſondern ganz beſonders deßwegen, weil ſie dieſen Philoſophen für höchſt geeignet hielten, die chriſtliche Wahrheit in einem großartigen Wiſſensſyſtem zu vereinigen. Anfänge und Keime zu ſolcher Syſtematiſirung finden wir, wie oben bemerkt, ſchon bei den Vätern der erſten Jahrhunderte und noch mehr in der ſpäteren Zeit bei Johannes Damascenus, Abälard, Anſelm, Hugo v. St. Viktor, Lombardus, Alanus und anderen, aber trotz all der Bemühungen und trefflichen Leiſtungen dieſer Theologen enthalten ihre Werke doch nur Verſuche und mehr oder minder gelungene Anſätze zu einem Syſtem. Es war eben keine kleine Aufgabe, alles bisherige Wiſſen der Väter, Philoſophen und Theologen in einen einheitlichen Organismus, zu einem Ganzen zu vereinigen. Es fehlte dazu alles; es fehlte eine fixe und conſtante Terminologie; der Sprachgebrauch war noch zu ſehr ſchwankend; es fehlte an einer Philoſophie, die klare Begriffe und durchſchlagende Principien gewährte.

Und doch forderten die wiſſenſchaftlichen Verhältniſſe zu Ende des 12. und Anfang des 13. Jahrh. gebieteriſch eine ſolche ſyſtematiſche Zuſammenfaſſung. Beſonders machte ſich dieſes Bedürfniß auf philoſophiſchem Gebiete fühlbar. Wir ſehen dieß ſo recht an Wilhelm von Auvergne, der auf der Uebergangsſtufe in die Blüthezeit der Scholaſtik ſteht. Derſelbe kennt bereits die arabiſch-ariſtoteliſche Philoſophie und bekämpft ſie, aber er vermag ſie noch nicht poſitiv zu verwerthen. Deßhalb ſchwankt er fortwährend zwiſchen den platoniſchen Lehren eines Abelard v. Bath und Bernhard v. Chartres und den ariſtoteliſchen Gedanken. Dieß zeigt ſich ganz beſonders in ſeiner Pſychologie, in welcher er ſich vom Platonismus losmachen will, aber gleichwohl noch ſtark Platoniker bleibt. So iſt es gekommen, daß ſich bei ihm vielfach widerſprechende und unvermittelte Anſichten finden, deren Unverträglichkeit und Gegenſatz er nicht einſieht. Es iſt eben noch kein System vorhanden, das Ordnung, Unterordnung und Ausscheidung in dieses reiche Material bringt, ein System, das jeder Lehre ihren Platz anweist.

Diesem tiefgefühlten Bedürfniß half mit einem Male Aristoteles ab. In seiner Philosophie fanden die christlichen Lehrer eine Wissenschaft, die alle Zweige menschlicher Erkenntniß umfaßte. Die auf uns gekommenen Schriften umfassen Logik, Metaphysik, Psychologie, Moral- und Social-Philosophie; seine Bücher über die Physik, Zoologie und Meteorologie enthalten alles, was das Heidenthum an Natur- und Himmelskenntnissen besaß; sogar die Poësie und Rhetorik wurde durch die bekannt gewordenen Werke des Stagiriten bereichert. Und trotz der Weite und Universalität des Materials, das den ganzen Erdball einschließt, geht ihr die Einheit und organische Gliederung nicht verloren. Diese Philosophie gewährte Schärfe der Begriffe, eine strenge wissenschaftliche Methode und weittragende Principien. Diese Encyclopädie alles natürlichen Wissens benützten die Peripatetiker des 13. Jahrh., um die christliche Wissenschaft in einem großartigen Organismus und System zusammenzufassen. So entstand jene scholastische Wissenschaft, welche natürliche und übernatürliche Wahrheit, philosophisches und theologisches Wissen, die Gedanken der heidnischen Philosophen und die Wahrheitsschätze der Väter in wunderbarer Einheit und Harmonie verknüpfte und eine christliche Weltauffassung im höchsten Sinne des Wortes schuf.

Wenn die scholastischen Lehrer die Philosophie nur um des Glaubens willen betrieben haben, dann scheint es doch wahr zu sein, was man so oft wiederholt hat, daß nämlich das Mittelalter gar keine eigene Philosophie besitzt. Die mittelalterlichen Lehrer, sagt man, waren Theologen und haben nur nebenbei im Interesse der Dogmenentwicklung Philosophie getrieben; daher kommt es, daß die philosophische Forschung durch diese Männer gar keine Fortentwicklung erfahren hat. Erst jüngst schrieb ein katholischer Autor folgende Worte nieder: „Vor Allem stellte die christliche Scholastik sich gar nicht einmal eine philosophische Aufgabe, sondern nur eine theologische, auf Grund der autoritativ gegebenen Dogmen. Alle scheinbar philosophischen Arbeiten hatten immer nur subsidiäre Bedeutung und Beziehung zur Theologie. Die kirchliche Autorität bot das bestimmt abgegrenzte Material zur formalen philosophischen Bearbeitung. Die Philosophie rein und selbstständig fortzuleiten, lag gar nicht in ihrer Intention."[1]) Wir geben unbedingt zu, daß die christlichen Scholastiker in erster Linie Theologen gewesen und um der Theologie willen philosophische Spekulationen gemacht haben. Deßhalb sind ihre Hauptwerke, wenn wir von ihren Commentaren zu Aristoteles absehen, theologischer Natur, wiewohl sie auch manche und mitunter sehr bedeutende rein philosophische Schriften hinterlassen haben; man denke nur an die Summa contra Gentiles des hl. Thomas und an die Summa de creaturis von Albert d. Gr. Aber es heißt doch weit über das Ziel schießen, wenn man daraus folgert, daß die Scholastiker keine Philosophen gewesen sind und keine eigene Philosophie besessen haben. Hört denn dadurch eine Wahrheit auf, philosophisch zu sein, weil sie in einem theologischen Buch steht? Sind die ersten 30 Quästionen im ersten Theil der theologischen Summa des englischen Lehrers, welche eine vollständige philosophische Gotteslehre enthalten, deßwegen nicht mehr philosophisch wahr, weil er sie an die Spitze seiner Theologie gestellt hat?[2]) Diese philosophischen Fragen, welche in ihren theologischen Werken einen großen, für manche sogar einen zu großen[3]) Raum einnehmen und ausführlich erörtert werden, würden nur dann aufhören, philosophischer Natur zu sein, wenn die damaligen Lehrer diese Fragen theologisch gelöst hätten. Das ist aber nicht der Fall. Obwohl sie die Philosophie mit der Theologie so enge verbunden haben, so haben sie beide Wissenschaften doch nicht confundirt, sondern wohl von einander unterschieden und getrennt. Sie haben für die philosophischen Fragen ein ganz anderes Erkenntnißprincip und Criterium angenommen, als für die theologischen. Während in der Theologie die Auktorität allein maßgebend ist, legen sie derselben in der Philosophie sehr

---

[1] Dr. A. Koch „Die Psychologie Deskartes." München 1881 p. 10.

[2] „La Somme de théologie est une oeuvre de raison autant qu'une oeuvre de foi", schreibt mit Recht Jourdain, welcher die theologische Summa für den Philosophen noch bedeutungsvoller (plus féconde) hält, als selbst die philosophische Summa des hl. Lehrers. Philosoph. de S. Th. t. I. p. 113.

[3] Bruder z. B. wirft dem hl. Thomas vor, daß er mehr Philosoph, als Theolog gewesen und die Theologie heidnisch gemacht habe. Hist. Philos. t. III. p. 805.

geringen Werth bei. In der Philosophie hat die Evidenz, die Einsicht das letzte Wort zu sprechen, aber mit nichten die Auktorität. Nicht minder ist es ein Fehlschluß, wenn man aus der Aufnahme der Philosophie in die Theologie folgern will, daß die mittelalterliche Philosophie nicht frei gewesen sei. Allerdings, wenn man sich zu jenen zählt, „welche für den Kreis ihres Wissens und Strebens einen unendlichen Radius annehmen und für alle wissenschaftlichen Forschungen nur eine unbeschränkte, wissenschaftliche Freiheit gelten lassen können",[1]) dann muß man die mittelalterliche Spekulation unfrei nennen. Wir glauben aber, daß es für einen christlichen Forscher keine solche schrankenlose Freiheit geben kann. Wenn sich Gott in seiner Barmherzigkeit herabläßt und uns einen Schatz himmlischer Wahrheiten offenbart, dann ist es unseres Erachtens selbstverständlich, daß die philosophische Spekulation nicht unbekümmert um diese Wahrheiten ihre Wege geht, sondern daß sie sich an dieser ewigen, unfehlbaren Wahrheit orientirt und sorgfältig wacht, daß sie sich mit ihr nicht in Conflikt setzt. Und nicht blos orientiren soll sich der menschliche Gedanke am göttlichen; er soll dem letzteren auch dienen. Der in Christus erschienenen Wahrheit hat alles zu dienen; sie hat alles zu erlösen und zu heiligen, nach den Worten des Apostels Paulus: in captivitatem redigentes omnem intellectum in obsequium Christi.[2]) Daher finden wir schon bei den ersten Vätern und durch alle Jahrhunderte den schönen Gedanken, daß das Christenthum alle Wahrheit zu Gott hinzuführen und Gott dienstbar zu machen habe. Aus diesem Gedanken stammt ihr emsiges Suchen und Forschen, ihre kühne Spekulation, um auch die entfernteste Wahrheit als im Einklang mit der geoffenbarten Wahrheit aufzuzeigen und sie zu einem Baustein für das Gezelt der ewigen Wahrheit zu gestalten.

Andere gibt es, welche der Scholastik eine Philosophie zugestehen, aber keine andere als die des Stagiriten. Die mittelalterlichen Lehrer sollen nur von aristotelischen Gedanken gelebt haben; selbstständige und ihnen gehörige Forschungen sind bei ihnen nicht zu finden, weßhalb man es nicht befremdlich finden darf, wenn manche in der Geschichte der Philosophie die scholastische

---

[1]) Das cit. W. von Koch, Vorrede p. VII.
[2]) II. Cor. 10, 5.

Periode überschlagen und dieselbe „im Ganzen doch als ein für die Culturperiode verlorenes Jahrtausend" halten. Dieser Vorwurf gibt uns Anlaß, den Charakter der scholastischen Philosophie noch näher zu zeichnen. Derselbe geht von der falschen Voraussetzung aus, als ob die philosophische Spekulation der Scholastik erst mit dem Bekanntwerden aller Werke des Aristoteles beginne. Das gerade Gegentheil ist die Wahrheit. Die scholastische Philosophie, wie bereits angedeutet, begann schon im 8. Jahrhundert und hat trotz aller Ausschreitungen der Dialektik bis zum 13. Jahrhundert herrliche Früchte geistigen Strebens und Forschens hervorgebracht. Die Werke eines Erigena, Abälard und Anselm beweisen, mit welcher Leichtigkeit und Sicherheit man bereits im 9., 10., 11. und 12. Jahrh. die tiefsten und schwierigsten Probleme der Philosophie behandelte. Die dem 13. Jahrh. vorausgehenden Streitigkeiten der Nominalisten und Realisten, in denen es sich um die Fundamentalfragen der Philosophie handelte, beweisen evident, daß man damals bereits eine tiefe philosophische Erkenntniß besessen hat. Wäre die Wissenschaft und namentlich die Philosophie bei Beginn des 13. Jahrh. nicht schon sehr hoch gestanden, dann hätte unmöglich die aristotelische Lehre solchen Einfluß üben können. Ein Zeitalter, in dem die Wissenschaft niedrig steht und das in philosophischen Spekulationen nicht geschult ist, das wird nie mit solchem Eifer und solchem Verständniß die Werke des tiefsten und schwersten Denkers zu würdigen und zu verwerthen wissen. „Die wissenschaftlichen Hilfsmittel", wie Ritter richtig bemerkt, „werden überall nur dann mit Eifer gesucht, wenn der Geist reif ist, sich ihrer zu bedienen. Ihn für die aristotelische Philosophie vorzubereiten, dazu hatte das 12. Jahrh. mit seinen platonischen und theologischen Bestrebungen das Seinige beigetragen." [1]) Die scholastische Philosophie ist deßhalb in ihren Anfängen und in ihrer Grundlage nicht aristotelisch, sie ist ein Erbstück der Väter, das in den folgenden Jahrhunderten bedeutend bereichert wurde; die Aufnahme der aristotelischen Philosophie gab der vorhandenen nur eine bedeutende Vervollkommnung und ganz besonders eine systematische Form. Clemens hat deßhalb die scholastische Philosophie richtig mit den Worten definirt: Est philosophia aevi medii, si recte eam definire velis, philosophiae

---

[1]) Geschichte der Philosophie, Bd. VII, p. 86.

Patrum continuatio aut potius rationi consentanea dispositio. explicatio et perfectio. [1]) Die christlichen Peripatetiker haben aber den aristotelischen Gedanken nicht einfach benützt und ihrem System einverleibt, sie haben denselben verbessert und fortgebildet. Man muß sich wundern, wie manche sich zu behaupten getrauen, daß durch die mittelalterlichen Lehrer die Philosophie gar keinen Fortschritt gemacht habe, ja daß sie geradezu für einen solchen Fortschritt ein Hemmniß gewesen. Aber weiß man denn nicht, daß sie Männer des schärfsten Verstandes, tiefe Denker und gewandt in der metaphysischen Spekulation gewesen, daß sie mit wahrem Enthusiasmus und einem förmlichen Heißhunger an die wissenschaftliche Forschung gegangen und unsägliche Mühe und außerordentlichen Fleiß auf dieselbe verwendet haben? Sie ließen keine Gelegenheit unbenützt, ihr Wissen zu bereichern; sie machten weite Reisen in die entferntesten Länder, um die gelehrtesten Männer ihrer Zeit zu hören; sie ließen sich große Summen kosten, um sich die nöthigen Werke zu verschaffen. Und nicht blos für ein Fach begeistern sie sich, sondern alles menschliche Wissen umfaßt ihre Liebe: sie sind Theologen und Philosophen, Naturforscher und Staatsrechtslehrer und Socialpolitiker. Und trotz alledem soll die Wissenschaft keinen Fortschritt gemacht haben und sollen sie keine eigenen Gedanken besitzen? Welcher Vernünftige das glauben kann!

Die erste Verbesserung, welche die Scholastiker an der aristotelischen Philosophie vornahmen, besteht darin, daß sie dieselbe von vielen Irrthümern befreiten. Sie weisen dem Fürsten der Peripatetiker auf jedem Gebiete philosophischer Forschung Irrthümer nach und mitunter Fundamentalirrthümer. Angesichts solcher Irrthümer kommen sie mitunter in Versuchung, an seiner hohen philosophischen Begabung zu zweifeln und machen geringschätzende Bemerkungen. In vielen sehr wichtigen Fragen spricht sich Aristoteles unsicher und schwankend aus; er scheint sich darüber selber nicht klar gewesen zu sein. Die scholastischen Lehrer suchen diese Dunkelheit und Unsicherheit zu heben und setzen an die Stelle des Zweifels sichere Wahrheit. Hätten die Scholastiker nichts weiter gethan, als daß sie in diesen wichtigen

---

[1]) De scholasticorum sententia Philosophiam esse Theologiae ancillam Commentatio. Monast. 1856 p. 76.

Fragen die aristotelischen Irrthümmer erkannten, so müßten wir dennoch ihre Philosophie als einen großen Fortschritt bezeichnen, denn eine solche weittragende Correctur ist nur durch eine volle Erkenntniß der Wahrheit möglich. Wer den Fürsten der Metaphysik zu corrigiren unternimmt, muß in der Spekulation hoch, sehr hoch stehen.

Die Lehre des Stagiriten ist nicht blos vielfach dunkel, zweideutig und schwer zu verstehen, sie ist auch oft lückenhaft. Aristoteles hat manche Fragen kaum berührt und angedeutet. Die Scholastiker beklagen diese Lückenhaftigkeit nicht selten. Oft bemerken sie, daß Aristoteles diese oder jene Frage nicht behandelt habe, obschon er sie nach seinem Systeme hätte behandeln müssen. Der Aquinate schreibt, daß der Philosoph in seiner Ethik wohl die Frage anregt, ob in der Glückseligkeit die visio oder die delectatio das Vorzüglichere sei, sie aber nicht löst — eam insolutam dimittit.[1]) Nicht selten machen sie aufmerksam, daß Aristoteles an einer Stelle verspricht, eine Lehre später zu behandeln, daß er es aber nicht gethan.[2]) In all diesen Fällen nehmen die mittelalterlichen Lehrer den Faden da auf, wo ihn der Philosoph gelassen; sie lösen die ungelöste Frage und behandeln die von ihm nicht behandelte. Hat Aristoteles eine Ansicht angeführt, sie aber nicht begründet oder nicht genügend begründet, dann geben die christlichen Peripatetiker die Gründe an oder fügen neue Gründe hinzu. Und um diese Lücken auszufüllen und die aristotelische Philosophie weiter zu führen, verwerthen sie mit erstaunlichem Fleiße das vorhandene wissenschaftliche Material. Sie gehen bei den Arabern und Juden in die Schule und bei den alten Exegeten des Stagiriten holen sie sich Rath und die ganze Weisheit der Väter, besonders des heil. Augustin, wird zu Hülfe gerufen. Albert macht keinen Unterschied zwischen Christen und Juden, Heiden und Mohammedanern; wo immer er Material zu finden hofft, um den aristotelischen Gedanken aufzuklären und weiter zu spinnen, da holt er es. Zum Belege machen wir auf seine Untersuchung über die Frage, ob der intellectus possibilis von der Seele getrennt sei, aufmerksam.[3]) Er diskutirt hier die

---
[1]) S. th. I. II. qu. 4. a. 2.
[2]) Alb. Mag. de an. l. I. tr. II. c. 13. Vgl. S. Thom. in III. Metaph. lect. 4.
[3]) De anim. l. III. tr. II. c. 13.

Ansichten von Aristoteles, Algazel, Avicenna, Avicebron, Averroës und Theophrast; freimüthig nimmt er bald eine Ansicht theilweise an, theilweise verwirft er sie, bald verwirft er eine Ansicht ganz, bald nimmt er sie ganz an, je nachdem dieselbe ihm richtig erscheint oder nicht. Ist das nicht wissenschaftlicher Fortschritt? Auf diese Weise hat jedes philosophische Fach, wir möchten fast sagen, jede philosophische Frage eine Vertiefung, Weiterbildung und Vervollkommnung erfahren. Wir können selbstverständlich diesen Fortschritt nicht im Einzelnen verfolgen; eine kurze Skizze desselben haben wir in unserer Schrift „Aristoteles in der Scholastik" gegeben. In manchen Disciplinen sind sie geradezu unabhängig von Aristoteles und gehen selbstständig zu Werke. Wir erinnern nur an die scholastische Ideenlehre. Hierin sind sie weder Aristoteliker noch Platoniker oder mindestens mehr Platoniker als Aristoteliker. Soll man für ihre Erkenntnißlehre eine Quelle angeben, so muß man auf Augustin und Anselm hinweisen, deren Lehre besonders der Engel der Schule vervollständigt und klar gestellt hat. Selbst die Logik, von der Kant bemerkt, daß sie von Aristoteles so ausgebildet worden ist, daß die spätere Zeit nichts mehr hinzufügen konnte, macht von dieser Fortbildung keine Ausnahme. Allerdings ist die Kategorienlehre und die Lehre vom Syllogismus die des Aristoteles, aber sie ist in der Scholastik rektifizirt, entwickelt und erweitert und vertieft worden. Wir dürfen getrost behaupten, daß kein Begriff so stehen geblieben ist, wie ihn Aristoteles aufgestellt hat. Durch ihre Beziehung zu den Dogmen der Kirche, namentlich zu den Dogmen der Trinität, Inkarnation und Transsubstantiation haben die Begriffe von der Kategorientafel, namentlich die Begriffe von Substanz, Person, Wesenheit und Accidenz eine ungeahnte Tragweite erhalten; sie sind nunmehr auch Grundbegriffe für das Unendliche und reichen weit hinüber über Zeit und Raum. In der That kann man sagen, daß auch die Logik durch die christlichen Aristoteliker ihre Erlösung gefunden hat. Von diesem gewaltigen Fortschritt in der Philosophie kann sich jeder überzeugen, der das Werk irgend eines Scholastikers des 13. oder 14. Jahrh. mit einem Werke ähnlichen Inhalts aus dem 11. oder 12. Jahrh. vergleicht. Er wird sehen, wie außerordentlich das Material gewachsen, wie sehr sich die Fragen vermehrt, wie viel neue Gesichtspunkte aufgenommen und mit welch größerer Sicherheit und wissenschaftlicher Genauigkeit die Lehrer der peripatetischen Scholastik verfahren.

Wenn sich dieser philosophische Aufschwung und Fortschritt bei allen Lehrern des 13. Jahrh. findet, warum fordert dann Leo XIII. die christlichen Denker auf, zur Philosophie des heil. Thomas zurückzukehren? warum begnügt er sich nicht, die scholastische Philosophie überhaupt zu empfehlen? Heißt das nicht, die thomistische Schule vor allen übrigen bevorzugen und sie allein als katholisch gelten lassen wollen? Um diese Klagen verstummen zu machen, müssen wir angeben, wodurch der englische Lehrer sich von den anderen großen Geistern seiner Zeit unterscheidet und worin das besteht, was man die Philosophie des hl. Thomas nennt. Aus dem Bisherigen dürfte sich soviel ergeben, daß zwischen der Doktrin des Engels der Schule und den übrigen großen Lehrern kein wesentlicher Unterschied besteht. Er hat mit ihnen dieselbe Methode, dieselben Principien und im Ganzen dieselbe Doktrin gemeinsam; er steht auf der Tradition der Väter, wie sie, und ist gleich ihnen Aristoteliker. Der Unterschied ist nur der, daß er all dieses in **vollkommener Weise hat und ist.** Die aristotelische Methode ist beim Aquinaten reiner durchgeführt, seine Sprachweise eine mehr klare, sein System mehr abgerundet, der Lehrinhalt vollständiger, seine Spekulation viel bescheidener und nüchterner. Wir wollen im Folgenden diese Gedanken etwas ausführen, um es vollkommen begreiflich zu finden, wenn unser großer Papst auf den Engel der Schule allein hindeutet.

1. Man wirft den mittelalterlichen Lehrern nicht selten ihren Styl, ihre unverständliche Schreibweise, ihr barbarisches Latein vor. Wir könnten diesen Vorwurf wohl dadurch compensiren, daß wir auf die Schreibweise der modernen Philosophie verweisen. Ist etwa Kant oder Hegel leichter zu verstehen? schreibt Hegel klarer und flüssiger als Duns Skotus? Sind nicht die Ausdrücke, die wichtigsten Wörter und maßgebenden Termini so unklar und mißverständlich, daß man für jedes philosophische Werk der Neuzeit ein Lexikon nöthig hätte, um einigermaßen den Sinn des Autors zu errathen? Doch wir wollen zugeben, daß vor dem 13. Jahrhundert und nach demselben und, wenn man will, in demselben bei dem einen oder anderen Philosophen eine solche schwer verständliche Schreibweise sich findet, aber sicher ist dies nicht bei dem hl. Thomas der Fall. Seine Sprache ist

klar, überaus klar, einfach, kurz und bündig. Sie ist nicht rhetorisch und poetisch, sie ist meist trocken, aber sie ist höchst verständlich, was für die Erkenntniß der Wahrheit die Hauptsache ist — perspicuitas dicendi, um mit der Encyclika Leo XIII. zu reden. Auch bei der größten Schwierigkeit und beim tiefsten Problem verläßt ihn nie die sichere und verständliche Ausdrucksweise; wir möchten fast sagen: je tiefer der Gedanke, desto einfacher und kürzer die Darstellung. In dieser Beziehung konnten selbst Männer wie Cousin und Leibniz ihm ihre Bewunderung nicht versagen. Es ist nur zu wahr und mancher hat es an sich selber erfahren, wenn Kleutgen schreibt: „Wenn man oft über eine Frage, die der hl. Thomas mit wenigen Sätzen beantwortet, die großen Untersuchungen, welche seine Commentatoren anstellen, durchlesen, oder auch dem eigenen Nachdenken sich lange überlassen hat: und dann zu dem Texte des hl. Lehrers, von dem man ausgegangen war, zurückkehrt; dann und erst dann findet man, welch' ein Reichthum von Gedanken unter der bescheidenen Hülle seiner wenigen Worte verborgen ist." [1])

2. Mit dieser klaren Schreibweise hängt ein anderer Vorzug enge zusammen; nämlich die strenge Durchführung der aristotelischen Methode — optima procedendi ratio.[2]) Allerdings folgen auch die anderen christlichen Peripatetiker dieser syllogistischen Methode, aber bei keinem ist sie so streng und allgemein angewendet, als beim doctor angelicus. Alexander von Hales läßt in dieser Beziehung noch viel zu wünschen übrig; Albert der Gr. gebraucht die aristotelische Methode schon viel sicherer, aber streng logische Behandlung finden wir am vollendetsten beim Aquinaten. Er ist ein größerer Logiker, als sein Lehrer Albert; er kennt viel schärfer die Tragweite eines Begriffs und grenzt darum das Gebiet des Einen von dem des Andern strenge ab. Diese strenge, syllogistische Methode findet sich nicht blos in seinen didaktischen Schriften, wie z. B. in den beiden Summen und dem Commentar zum Lombardus, sondern auch solche Schriften, in welchen diese logische Strenge nicht so nöthig ist, sind von der aristotelischen

---
[1]) Theol. d. Vorz. III. Bd. p. 93.
[2]) Encycl. „Aeterni Patris".

Methode beeinflußt. Diese streng durchgeführte Methode bewirkt, daß man mit Recht die Schriften des hl. Thomas, vor Allem seine theologische Summe, mit den gothischen Domen seiner Zeit vergleichen kann, in welchen eine ähnliche Strenge und Einfachheit die Masse der Formen himmelwärts führt und in einem einheitlichen Gedanken abschließt.[1]

3. Wie über den barbarischen Styl, so klagt man fortwährend über die Spitzfindigkeiten und die Subtilitätssucht der scholastischen Lehrer, welche nothwendig viel Zwist und Streit in den alten Schulen erzeugen mußten. Es ist wahr, daß dieser Vorwurf mitunter gerechtfertigt ist, namentlich in der späteren Scholastik des 15. Jahrhunderts. Zu einiger Entschuldigung ist jedoch nicht zu übersehen, daß manches, was heute subtil und unnütz erscheint, damals nicht unnütz war. Die mittelalterlichen Lehrer standen eben ihren Zeitirrthümern gegenüber und mußten demzufolge manche Frage behandeln, die uns heute ein Lächeln abnöthigt. Aber trotz all' dieser übertriebenen Spekulation wird man uns keinen einzigen Lehrer nennen können, welcher unvernünftige, frivole, unsittliche und widerchristliche Fragen diskutirt hätte. Warum jedoch die Grübeleien und Subtilitäten des Mittelalters aufsuchen, da das Gute so nahe liegt? Man greife nur nach der Logik von Hegel oder nach Fichte's „Wissenschaftslehre" und man wird von A bis Z nichts als Subtilitäten finden. Die dialektische Fechtkunst ist bei unseren großen deutschen Denkern auf eine solche Spitze getrieben, daß Hegel sich rühmen kann, es habe ihn keiner verstanden. Was aber bei diesem Vorwurfe die Hauptsache ausmacht, so trifft er keinen der großen Scholastiker. Wir finden bei allen große Ruhe, Mäßigung und objektive Würdigung der gegnerischen Lehre. Diese Ruhe verläßt sie nur dann bisweilen, wenn sie Lehren bekämpfen müssen, welche den Glauben antasten wie dies z. B. beim Averroismus der Fall ist. Hier entschlüpft ihnen öfters ein „maledictus ille Averroës". Eine Ausnahme müssen wir nur für den „subtilen Doktor" gelten lassen; bei ihm läßt sich eine gewisse Neigung zur Sub-

---

[1] Le mérite propre de saint Thomas, comme écrivain, est de porter dans l'argumentation scolastique toute la netteté, la correction, je dirais même parfois l'élégance, qui est compatible avec la sécheresse de sa méthode. Jourdain „La Philosophie de Saint Thomas" t. I, p. 72.

tilität und zum Widerspruch nicht absprechen; er gefällt sich in Hyperkritik, verliert sich gern in zwar scharfsinnigen, aber doch mitunter abstrusen Detailfragen und häuft die Distinktionen oft ins Unendliche, wodurch sein Styl öfters dunkel und auch unbeholfen wird. Diese Subtilitätssucht geht jedoch nie so weit, daß sie der Würde der Darstellung Eintrag thut. Uebrigens hat man wohl im Auge zu behalten, daß es sich bei all' diesen Zwisten und Disputationen, mögen sie noch so heftig gewesen sein, nicht um Principien handelte, sondern um untergeordnete Fragen, um Controverspunkte. Deßhalb haben diese Streitigkeiten der Fortbildung der Wissenschaft nicht geschadet, sondern im Gegentheil genützt. Manche Ansicht ist geklärt aus diesem Kampf hervorgegangen; manche Hypothese ist durch ihn zur sichern Wahrheit geworden. Gegenüber den Streitigkeiten der modernen Philosophen sind die mittelalterlichen Kämpfe jedoch ein wahres Kinderspiel zu nennen. Seit zwei Jahrhunderten läugnet jeder neue Philosoph all' das, was seine Vorgänger aufgestellt haben; er und seine Anhänger wollen mit Stumpf und Stiel vernichten, was der Vorfahrer aufgebaut hat.

Wenn wir von den Führern der mittelalterlichen Schulen den Vorwurf der Subtilität und Disputirsucht abweisen müssen, so müssen wir dies ganz besonders bei dem englischen Lehrer thun. Trotz der Tiefe seines Geistes und der Schärfe seiner Logik übertreibt er nicht, seine Spekulation bleibt nüchtern und bescheiden. Nie finden wir bei ihm auch nur einen Anklang an den Grundgedanken der modernen Philosophie, daß die Vernunft alles wissen müsse. Er anerkennt, daß es auch auf dem ureigenen Gebiete der Philosophie viele Fragen giebt, welche die Kraft der Vernunft übersteigen und bei deren Lösung sie unsicher und schwankend wird. Der hl. Thomas treibt deßhalb seine Spekulation nie weiter, als zu dieser Grenze, bis zu dem Punkte, wo die Unsicherheit beginnt. Was Kleutgen von der Gnadenlehre desselben bemerkt, können wir recht gut auf das ganze wissenschaftliche Feld ausdehnen. „Der hl. Thomas führt die Untersuchung bis auf den Punkt, auf den es, wenn man die volle Lösung der Frage sucht, ankommt; dann aber gibt er eine ausweichende Antwort, meistens durch Hinweisung auf eine allgemeine Wahrheit. So nun verfuhr, meine ich, der hl. Lehrer, nicht weil ihm verborgen geblieben, was noch weiter gefragt werden könne, sondern weil er das Unvermögen des menschlichen Geistes, solche Fragen zu lösen, erkannte."¹) Diese Nüchternheit der Spekulation (sapere ad sobrietatem) ist der Grund, warum von seinen zahllosen theologischen Lehren sich auch nicht eine einzige im Widerspruch mit der geoffenbarten Wahrheit findet;²) sie ist der Grund, warum auch in seinen rein philosophischen Lehren, die von der Naturforschung nicht abhängen, sich kein erheblicher Irrthum findet. Wie man seine theologische Lehre rein nennen muß, so gebührt dieses Prädikat auch seiner philosophischen Doktrin.

4. Der Aufschwung der christlichen Philosophie im 13. Jahrh. knüpft sich an die Aufnahme und Verwerthung der aristotelischen Philosophie. Wir glauben aber, daß Thomas allein das rechte Verhältniß zu Aristoteles einhält. Es gibt im Mittelalter solche, die dem Fürsten der Metaphysik allzusehr huldigten und ihn auch dort vertheidigten, wo er nicht zu vertheidigen ist. Diesen gegenüber haben andere christliche Lehrer eine mehr abgeneigte Stellung zu dem Stagiriten eingenommen. Wir erinnern hier nur an Heinrich von Gent, Skotus, Mayronis, bei welchen sich eine gewisse platonische Tinktur ihrer Werke nicht verkennen läßt. Thomas steht in der Mitte; er bekämpft Aristoteles überall, wo er ihn auf einem Irrwege ertappt, und er huldigt ihm dort, wo derselbe die Wahrheit lehrt. Er macht auch von der aristotelischen Philosophie keinen übermäßigen Gebrauch auf Kosten der hl. Väter und anderer großer Denker. Das Einzige, was wir ihm zugestehen müssen, ist, daß er den Stagiriten an zweifelhaften und dunklen Stellen milde interpretirt. Während sein Lehrer Albert von den arabischen Philosophen und von Aristoteles noch mehr abhängig ist und sich scheut, von ihnen abzuweichen, ist Thomas vollständig unabhängig, er scheut sich vielmehr, mit ihnen verwandt zu gelten. Diese Objektivität gegenüber Aristoteles und allen anderen, sowohl früheren als gleichzeitigen großen Denkern wurzelt in seiner außerordentlichen Wahrheitsliebe — veritatis unice amator, wie sich unser großer Papst ausdrückt. Kirsch-

---

¹) „Zu meiner Rechtfertigung." Münster 1868, p. 25.
²) Nur bezüglich der Lehre von der unbefleckten Empfängniß Mariens bestand der Zweifel, ob der hl. Thomas dafür eintrete. Neueste Forschungen, besonders die Mariologie Morgott's, haben auch hierin den englischen Lehrer gerechtfertigt.

kamp schildert diese eminente Wahrheitsliebe mit den treffenden Worten: „Er zeigt nirgendwo eine incorrekte Voreingenommenheit für irgend einen Lehrpunkt, die ihn hinderte, fest, streng und unerbittlich seine klaren und sicheren Principien überall durchzuführen; subjektives Fühlen und wissenschaftliche Voreingenommenheiten alteriren bei ihm in keiner Weise — auch nicht unbewußt — den reinen Denkproceß. So brechen sich denn seine Principien durch alle seine Lehrentwicklungen fest und unerschütterlich Bahn, und so erscheint dann Alles im Glanze einer Objektivität, an welche gewöhnliche menschliche Leistungen nicht heranzureichen pflegen?"[1]) Die Folge dieser Objektivität ist, daß die Person des englischen Lehrers ganz in den Hintergrund tritt. Der hl. Thomas citirt sehr oft Aristoteles, sehr oft die hl. Väter und ganz besonders die hl. Schrift, aber er spricht sehr selten von sich selber und noch seltener verweist er auf seine eigenen Schriften. Und dies ist nicht blos in seinen exegetischen Arbeiten der Fall, sondern in allen seinen Schriften hat die Hingabe an die Wahrheit das eigene Ich vollständig absorbirt. Diesen Vorzug theilt er wohl mit manchem anderen Lehrer seiner Zeit, aber er tritt bei ihm am stärksten hervor.

5. Wir haben im Vorausgehenden gesehen, daß der eigentliche Fortschritt der christlichen Wissenschaft im Zeitalter des englischen Lehrers in der Systematisirung, in der Schaffung eines Wissensorganismus liegt. Wenn wir nach diesem Maßstabe die mittelalterlichen Lehrer messen, dann müssen wir unzweifelhaft dem doctor angelicus den Ehrenplatz einräumen. Während Albert der Gr. mehr Sammler ist und wie ein Riese aus allen Theilen der geistigen Welt das Material herbeischleppt und auch die Grundlinien des gewaltigen Baues zeichnet: hat sein großer Schüler den Grundplan ausgeführt und im Detail ausgearbeitet; er hat das von Albert aufgehäufte Wissensmaterial gesichtet und das ausgeschieden, was sich für den Organismus nicht verwenden ließ. Der doctor subtilis ist wohl auf Albert und Thomas gefolgt, aber er ist nicht über Thomas hinausgekommen, er hat ihn, was systematische Durchbildung anlangt, nicht einmal erreicht. Es ist nur zu wahr, wenn Ehrle von ihm schreibt: „So vermissen wir denn in seiner Spekulation

---

[1]) Lit. Handweiser Nr. 282 „Zur Encyclika ‚Aeterni Patris'".

das ruhige Maßhalten und damit jene durchsichtige Klarheit bei aller Tiefe des Gedankens, jenen feinen Sinn für systematische Zusammenordnung und Abrundung des theologischen Lehrstoffes. In dieser letzten Beziehung kam er über die Leistung des Lombarden nicht hinaus, die doch von Alexander sowohl als zumal vom englischen Lehrer weit überholt worden war."[1] In welch' hohem Grade diese systematische Durchbildung seinen Schriften eigen ist, möge man daraus entnehmen, daß sich der hl. Thomas fast nie widerspricht. Ein hl. Augustin mußte am Ende seines Lebens seine retractationes schreiben; der englische Lehrer hatte dies nicht nöthig. Dieselben Ansichten und Beweise, die sich in seinen ersten Jugendschriften finden, dieselben kehren in seinen späteren Werken wieder, so daß Wilh. v. Thoko schreiben kann: Opiniones et rationes, quas adhuc Bacellarius adinvenit, paucis exceptis, magister effectus scripsit, tenuit et defendit.[2] Die Philosophie des hl. Thomas ist deßhalb am meisten systematisch und durchgebildet und abgerundet; in ihr hat der philosophische Gedanke, von der Väterzeit beginnend und bis zum 13. Jahrhundert sich fortspinnend, den Gipfel- und Höhepunkt erreicht.

6. Zu den aufgezählten Vorzügen kommt noch einer hinzu, der ebenfalls dem englischen Lehrer allein eigen ist. Während die anderen großen Meister mehr für die gelehrte Welt geschrieben haben, hat Thomas auch für die Schule geschrieben. Gewiß kann man das opus Oxoniense des subtilen Doktors keinem Anfänger in die Hand geben, aber die Summa contra Gentiles und noch mehr das vorzüglichste und vollendetste Werk des hl. Thomas, seine Summa theologica, ist für Anfänger verfaßt. Der hl. Lehrer bemerkt selber in seinem Prolog zur theologischen Summa, daß er mit Rücksicht auf die Anfänger die Weitschweifigkeit der Werke seiner Zeitgenossen vermieden, unnütze Fragen und Argumente ausgelassen und den Stoff so geordnet und vertheilt habe, wie es für Anfänger passend schien.[3] Wollte Leo XIII. die scholastische Philosophie in den christlichen Schulen erneuern,

---

[1] „Stimmen aus Maria-Laach", Bd. 18, p. 297.

[2] Vita St. Thomae, Act. SS. t. I. p. 672.

[3] Propositam nostrae intentionis in hoc opere est ea, quae ad christianam religionem pertinent, eo modo tradere secundum quod congruit ad eruditionem incipientium.

so konnte sein Blick abermals auf keinen anderen Lehrer fallen, als auf den englischen, denn dieser allein hat auch für die Schule geschrieben.

Aus all diesen Vorzügen ergibt sich unschwer, daß der hl. Thomas der Repräsentant und der Hauptvertreter der ganzen Scholastik ist. Er ist nicht blos das Haupt der Thomistenschule, sondern das Haupt der ganzen mittelalterlichen Denkbewegung — inter Scholasticos Doctores, omnium princeps et magister, longe eminet Thomas Aquinas.[1]) Wenn deßhalb der hl. Vater den doctor angelicus auf den Schild erhoben hat, dann will er nicht, daß die Thomistenschule mit all ihren Controversen wieder auflebe, sondern daß der gemeinsame Fond philosophischer Wahrheit, wie er sich bei Thomisten und Skotisten findet, erneuert werde, aber erneuert werde im Sinne und Geiste des Aquinaten, weil sich bei diesem die gemeinsamen Lehren vollständiger, gesichtet und vervollkommnet und in der besten Form und Darstellung finden. Illorum (sc. Scholasticorum) doctrinas, velut dispersa cujusdam corporis membra, in unum Thomas collegit et coagmentavit, miro ordine digessit et magnis incrementis ita adauxit, ut catholicae Ecclesiae singulare praesidium et decus jure meritoque habeatur.[2])

---

[1]) Leo XIII. in der Encycl. „Aeterni Patris".
[2]) Ibid.

II. Kapitel.

Das Ansehen der Philosophie des hl. Thomas in den verschiedenen Jahrhunderten.

An die im vorigen Kapitel widerlegten Einwürfe reihen sich andere, die in dem Satze gipfeln, daß die thomistische Philosophie in den christlichen Schulen überhaupt nicht das Ansehen besessen habe, das man ihr gern in unseren Tagen beilegen möchte. Die Wissenschaft des hl. Thomas habe stets nur einem Bruchtheil der Vertreter der christlichen Spekulation angehört. Außer der Dominikanerschule habe sie vom Anfange an nur einzelne Namen von Bedeutung besessen. Bekannt sei ja, daß schon zu Lebzeiten des hl. Thomas und noch mehr nach seinem Tode ein heftiger Kampf gegen seine Lehre ausbrach, der sogar zur kirchlichen Verurtheilung einiger Sätze seiner Lehre führte. Von einer Allgemeinherrschaft der Doktrin des englischen Lehrers könne schon deßwegen keine Rede sein, weil die Scholastik vom Anfang an ganz divergirende Richtungen aus sich erzeugte. Man denke nur an den Averroismus, Nominalismus, Realismus, Formalismus. „In Folge der Verquickung," schreibt Koch,[1] „des christlichen Lehrgehaltes mit heidnischem, profanem Material, wobei die philosophischen Principien noch dazu nur formalen, nicht dominirenden Einfluß hatten, war es ganz nothwendig, daß das ganze Werk die Keime innerer Auflösungskräfte vom Anfang an in sich barg. Darum erscheinen naturgemäß in der Akme der scholastischen Entwicklung bereits die zerstörenden Gegensätze. Roger Bakon, des Aquinaten Zeitgenosse, Raymundus Lullus, besonders Duns

---

[1] In d. c. W. p. 11.

Skotus und dessen Schüler Wilhelm Occam, späterhin Pierre d'Ailly, Gerson, Nik. Cusanus, Raymundus de Sabundo: sie alle zeigen über die scholastische Philosophie hinaus und stehen zu ihr bereits in einem mehr oder minder bewußten und schroffen Gegensatze." Berücksichtigt man noch die naturphilosophischen und psychologischen Lehren des Engels der Schule, so dürfte bekannt sein, daß dieselben seit Bako von Verulam und Cartesius immer mehr aufgegeben und im 17. und 18. Jahrh. geradezu verlacht und verspottet worden seien.

Wir können diese Anschuldigungen nicht ausführlich und im Einzelnen widerlegen, da dies der Aufgabe dieser Schrift widerspricht. Das Folgende soll jedoch hinlänglich beweisen, daß die **Philosophie des hl. Thomas in allen Jahrhunderten mit geringen Ausnahmen in den christlichen Schulen die herrschende gewesen ist.**

Jene hervorragenden Eigenschaften, welche wir im vorigen Kapitel an den Schriften des doctor angelicus nachgewiesen haben, besaß selbstverständlich auch sein mündlicher Lehrvortrag. Daher kam es, daß er überall, wo er als Lehrer auftrat, großes Aufsehen erregte und die Schüler schaarenweise an sich zog.[1]) Sein klarer und beredter Vortrag begeisterte alle, weßhalb man ihn überall, zu Rom, Neapel, Pavia und Bologna als Lehrer haben wollte. Bekanntlich mußten sich die Dominikaner und Franziskaner durch schwere Kämpfe ihre Lehrthätigkeit an der Pariser Universität sichern. Mit Mühe erlangten Thomas und Bonaventura eine Lehrkanzel. Aber kaum hatte Thomas zu lehren begonnen, so gewann er sich die Herzen der ihm zuvor abgeneigten Pariser Lehrer vollständig[2]) und in so hohem Grade,

---

[1]) Sein Biograph und Schüler, Wilhelm von Thoco, schreibt von seinem ersten Auftreten als Balalaureus zu Paris: Deus tantam ei infudit scientiam et in labiis ejus tanta divinitus est effusa doctrina, ut omnes etiam Magistros videreter excedere et claritate doctrinae Scholares plus ceteris ad amorem scientiae provocare. Bolland. Acta SS. t. I, c. 3, n. 15, p. 663.

[2]) Post Magisterium cum coepisset disputare et legere, tanta multitudo scholarium ejus scholas intrabat, ut vix eos locus scholarum caperet, quos tanti Magistri doctrina traheret et ad proficiendi studium provocaret. Sub cujus Doctoris lucida et aperta doctrina floruerunt **quam plures Magistri religiosi et seculares** propter modum docendi compendiosum, apertum et facilem. Ibid. c. 4, n. 18.

daß bei seiner Abberufung die philosophische Fakultät sich in einem eigenen Schreiben an das Ordenskapitel wandte, um seine Rückkehr zu erwirken. Wie groß sein Ansehen als Lehrer in Paris gewesen sein muß, läßt sich aus einem weiteren Schreiben derselben philosophischen Fakultät entnehmen das sie beim Tode des englischen Lehrers an das General=Kapitel der Dominikaner in Lyon richtete. Größeres Lob und größere Huldigungen hätte die erste wissenschaftliche Auktorität der damaligen Welt nimmer zu ertheilen vermocht. Sie kann ihrem Schmerze nicht Ausdruck geben, um zu beklagen, daß die hellleuchtende Sonne der Wahr=heit aufgehört habe, die Kirche zu erleuchten, daß derjenige heim=gegangen sei, der nur durch eine ganz besondere Gnade der Welt geschenkt worden ist, und in dem die göttliche Weisheit selber sich niedergelassen zu haben schien, um die tiefsten Dunkel der Natur zu enthüllen.

Gleichzeitig mit dem hl. Thomas lehrten zu Paris berühmte Lehrer, die in manchen untergeordneten Fragen von ihm ab=wichen, wie z. B. Heinrich von Gent († 1293). Oeffentlich und durch eigene Schriften wurde jedoch Thomas nicht bekämpft; sein großes Ansehen scheint dies verhindert zu haben. Erst nach seinem Tode erhoben sich seine Gegner und griffen mehrere phi=losophische Lehren des Aquinaten in der heftigsten Weise an. Diese Angriffe kehrten sich zumeist gegen seine Lehre vom In=dividuationsprincip, von der Einheit der substantialen Form im Menschen und von der Individualität der reinen Geister. Es kam sogar soweit, daß diese thomistischen Lehren unter die cen=surirten Sätze der Pariser und Oxforder Hochschule aufgenommen wurden und selbst eine Synode sie verdammt haben soll.

Wir haben in einer anderen Schrift[1]) über die Bedeutungs=losigkeit und geringe Tragweite dieser Censurirungen und Ver=urtheilungen gesprochen und können sie um so eher übergehen, als sie der Ausbreitung der Doktrin des englischen Lehrers nicht im mindesten Eintrag gethan haben. Im Gegentheil, dieser Kampf ist etwas sehr natürliches und erklärliches, ich möchte sagen, er ist für die Ausbreitung der thomistischen Doktrin noth=

---

[1]) Die Körperlehre des Joh. Duns Skotus und ihr Verhältniß zum Thomismus und Atomismus. Mainz 1879. p. 66 ff. „Die Verurtheilungen der Lehre des hl. Thomas."

wendig gewesen. Der hl. Thomas hat die überkommene philo=
sophische Doktrin weiter geführt, er hat neue Probleme aufge=
worfen, neue Lösungen gegeben. Erat novos in sua lectione
movens articulos, novum modum et clarum determinandi
inveniens et novas reducens in determinationibus rationes:
ut nemo, qui ipsum audisset nova docere et novis rationibus dubia definire, dubitaret, quod eum Deus novi
luminis radiis illustrasset, schreibt derselbe Wilhelm von Thoco.[1])
Dieses Neue in seiner Doktrin, auf das seine Biographen nicht
oft genug hinweisen können, mußte die anderen Geister zum
Kampfe provociren, es mußte dies um so mehr in einer Zeit
geschehen, in der man nicht gewohnt war, in verba magistri
jurare. Dieser Kampf war die Prüfung und Probe, welche die
Doktrin des hl. Thomas zuvor ablegen mußte, ehe sie ihren
Triumphzug durch die wissenschaftliche Welt antrat. Und sie
hat diese Probe glänzend bestanden, denn bereits zu Ende des
13. und am Anfang des 14. Jahrhunderts finden wir die
Wissenschaft des doctor angelicus in den christlichen Schulen
überall verbreitet, wie sich aus dem Folgenden ergeben wird.

Die Dominikanerschule können wir selbstverständlich über=
gehen; in ihr gelangte die Doktrin des hl. Thomas bald nach
seinem Tode zu allgemeiner Geltung. Die besten Kräfte des
Ordens widmeten sich der Vertheidigung und Entwicklung der
thomistischen Lehre. Wir nennen hier nur den Aegydius von
Lessines, Bernhard von Trilia, Joh. von Paris,
Herväus († 1323), sowie den späteren berühmten Johannes
Capreolus († 1414), der in seinem Werke „libri defensionum"
die getreueste Darstellung der Doktrin des Aquinaten bietet und
dafür den Ehrentitel „Princeps Thomistarum" erhielt. Außer
dem Dominikanerorden schloß sich der Orden des hl. Augustin
ganz an die Lehre des hl. Thomas an. Schon 1287 verordnete
das General=Kapitel der Augustiner, daß alle Lektoren und
Studenten unverbrüchlich der Lehrweise ihres großen Ordens=
magister Aegydius Romanus folgen sollen. Nun ist es aber
allbekannt, daß Aegydius, der 13 Jahre lang Schüler des hl.
Thomas gewesen sein soll, vollständig in die Fußtapfen des eng=
lischen Lehrers getreten ist. Das Gebot, dem Aegydius zu folgen,

---

[1]) Loc. cit. n. 15.

bedeutet deßhalb ebensoviel, als wenn das General=Kapitel die Doktrin des hl. Thomas zum Gebote gemacht hätte. Um die Verbreitung der Lehre des Aquinaten haben sich etwas später als Aegydius zwei andere berühmte Namen aus dem Augustiner= orden große Verdienste erworben, nämlich die Theologen und Philosophen Gregorius v. Rimini und Thomas v. Straß= burg (Thomas de Argentina † 1357). Ebenso wurde durch Humbert von Prulli der Cistercienserorden für die thomistische Doktrin gewonnen, ein Orden, der gerade damals sehr verbreitet und mächtig war. Der Generalprior der Carmeliten, Gerard v. Bologna († 1317), steht gleichfalls in allen wesentlichen Fragen auf Seite des hl. Thomas gegen Skotus. In diesem Orden blieb überhaupt der englische Lehrer trotz der Hinneigung einiger zu Roger Bakon maßgebend. Radulph der Bretaigner (am Ende des 13. und im ersten Viertel des 14. Jahrhundert lebend) ist ebenfalls ein vollständiger Thomist. Nicht minder haben um dieselbe Zeit die berühmtesten Lehrer an der Sorbonne sich unbedingt für den Aquinaten erklärt: Siger v. Brabant[1]), Peter v. Auvergne, Gottfried v. Fontaine.[2]) Der letztere nennt in seinen um das Jahr 1286 publicirten Quaestiones quodlibetales die Doktrin des hl. Thomas „utilior et laudabilior", als jede andere Doktrin, so daß man auf ihn das Wort Christi anwenden kann: „Vos estis sal terrae . . . ." Würde man seine Doktrin aufgeben, so würden die Studirenden in den Lehren der anderen Doktoren wenig Geschmack finden — in doctrinis aliorum saporem modicum invenirent. Welch' ein Ansehen muß nicht schon um diese Zeit der doctor angelicus besessen haben, wenn man solche Worte von ihm schreiben kann?[3])

Wenn wir von den Schülern reden, welche im 13. u. 14. Jahrh. den hl. Thomas verherrlichten, so dürfen wir den Dichter der „göttlichen Comödie" nicht übergehen. Dante († 1321) hat es verstanden, die tiefsten und abstraktesten Lehren der Scholastik

---

[1]) Von ihm schreibt Hauréau (Philos. scolast. II., p. 200): Siger de Brabant formula la profession de la foi de la Sorbonne. Cette profession de foi, c'est la doctrine thomiste sans aucun changement.

[2]) Vgl. Werner, op. c. t. I, p. 860 ff.

[3]) Schon zu seinen Lebzeiten und noch mehr nach seinem Tode wurden verschiedene Schriften in's Griechische, Hebräische und Armenische und später in viele andere Sprachen übersetzt.

in ein poetisches Gewand zu kleiden. Er besingt jedoch in seinen unsterblichen Liedern nicht die allen Scholastikern gemeinsamen Lehren, sondern er folgt in allen Detailfragen dem Engel der Schule, so daß Jourdain von ihm schreiben kann: c'est principalement dans les matières controversées entre les dominicains et les franciscains qu'on apercoit l'action profonde exercée sur Dante par le docteur Angélique¹). Mehr als mancher gefeierte Lehrer hat der Dichter Dante zum Ruhme und zur Verbreitung der thomistischen Lehre beigetragen.

Wir vergessen hiebei nicht, daß zwanzig Jahre nach des Aquinaten Tod Duns Skotus unter großem Zulaufe in Paris docirte. Aber der subtile Dialektiker hat auch zur Zeit seines größten Ruhmes das Ansehen des hl. Thomas nicht erreicht. Seine kühne Dialektik hat ihm selbst von den Vorständen seines eigenen Ordens Tadel zugezogen und scheint der Grund gewesen zu sein, warum man ihn mitten in seinem Ruhme nach Cöln versetzte. Man muß überhaupt vorsichtig sein, wenn man das Ansehen des subtilen Doktors mit dem des englischen Lehrers vergleicht. Während Thomas bald nach seinem Tode die Universität von Paris, mehrere der bedeutendsten Orden und andere hervorragende Lehrer zu seinen Schülern zählt, scheint das Ansehen des Skotus im eigenen Orden noch nicht sonderlich groß gewesen zu sein. Sein eigener Ordensgenosse, der berühmte Pariser Lehrer Petrus Aureolus, bekämpft ihn heftig. Nicht viel später erhebt sich Wilh. v. Okkam, ebenfalls ein Franziskaner, gegen den Realismus und andere Lehren des doctor subtilis. Im 14. Jahrh. gibt es der Orden noch frei, welchem von den alten bewährten Meistern die Lektoren und Schüler folgen wollten; er verpflichtet nicht einmal auf einen Lehrer vom eigenen Orden, denn das Generalkapitel von Cahors 1337 verordnet in dieser Beziehung nur: „Dictis antiquorum et approbatorum Doctorum, prout secundum Deum et veritatem poterunt, se conforment". Im Jahre 1500 verlangt zwar das

---

¹) Op. cit. t. II, p. 129. Hettinger sagt dasselbe mit den Worten: „Es ist mit Recht gesagt worden, ohne Thomas v. Aquin gebe es keinen Dante. Wie er von diesem die Form seiner Theologie empfing, so erklärt und ergänzt er auch, von diesem geleitet, die ethischen und metaphysischen Theorieen des Stagiriten." Die Theologie der göttlichen Comödie des Dante Alighieri in ihren Grundzügen. Köln 1879, p. 10.

Generalkapitel der Franziskaner, daß sich die Ordenslehrer einen Ordensgenossen als Führer ihrer Studien wählen, aber es läßt die Wahl zwischen Alex. v. Hales, Bonaventura, Skotus, Mayronis und Richard frei, wenn es auch den subtilen Doktor an erster Stelle nennt. Erst die vom Generalkapitel zu Vallabolid 1593 erlassenen Statuten verlangen, daß man in den Ordensschulen ausschließlich dem Duns Skotus folgen soll, ut literam Scoti solum et non alios auctores ex professo explicare conentur. Es wird jedoch ausdrücklich bemerkt, daß man in der Theologie auch dem seraphischem Lehrer folgen dürfe. Im 14. Jahrh. hat demnach der scharfsinnige Lehrer dem doctor angelicus den Vorrang nicht streitig gemacht und wir dürfen getrost mit Jourdain behaupten, daß von dem ersten Viertel des 14. Jahrh. angefangen der Thomismus an den Universitäten keinen Gegner hatte, als höchstens einige kühne und neuerungssüchtige Geister, die auf keine Auktorität merkten und den doctor subtilis nicht minder bekämpften, als den doctor angelicus.[1])

Wie bereits angedeutet, wollen viele diese allgemeine Herrschaft der thomistischen Philosophie nicht gelten lassen. Sie weisen auf den viel verbreiteten **Averroismus** und noch mehr auf den **Nominalismus** und **Realismus** hin, welche die christlichen Schulen im 14. und 15. Jahrh. zerfleischten und die Auflösung und den Untergang der Scholastik herbeiführten. Namentlich soll der Nominalismus im 14. Jahrh. große Verbreitung erlangt und im 15. Jahrh. sogar über die anderen Richtungen den Sieg davon getragen haben.

Was vorerst den Averroismus anlangt, so ist es geradezu lächerlich, wenn man denselben als eine Richtung innerhalb der mittelalterlichen Spekulation ausgibt. Es ist richtig, daß derselbe im 13. Jahrh. manchen Geist berückt hat und besonders später im 15. und 16. Jahrh. an den Hochschulen Italiens große Verbreitung fand; aber es ist ebenso richtig, daß die christlichen Peripatetiker vom Anfange an ihn mit aller Energie bekämpften

---

[1]) Zuweilen findet man auch **Thomas Bradwardin** († 1349) unter den Gegnern des hl. Thomas. Das ist jedoch nicht richtig, da sich derselbe in seiner Schrift gegen die Pelagianer „De causa Dei contra Pelagium" zumeist auf den hl. Lehrer stützt, aber leider dessen Lehren übertreibt und unrichtig deutet, wodurch er der Irrlehre des Wiclef nahe kommt.

und auch glücklich überwanden. Zudem ist keiner von den bedeutenden christlichen Theologen und Philosophen diesem Arabismus zum Opfer gefallen.

Der Streit zwischen Nominalismus und Realismus ist zwar unter den scholastischen Lehrern ausgebrochen und wurde im 14. Jahrh. sehr heftig geführt. Derselbe ist jedoch nicht aus den Principien der scholastischen Philosophie hervorgegangen, sondern umgekehrt, das Verlassen dieser Principien hat ihn herbeigeführt. Noch weniger kann man sagen, daß die Aufnahme der aristotelischen Philosophie ihn veranlaßt habe, da ja Aristoteles dem Realismus huldigt. Um darzuthun, daß der Nominalismus in den christlichen Schulen keine weite Verbreitung erlangt hat, brauchen wir nur die vorzüglichsten Vertreter desselben zu berücksichtigen.

Vorbereitet wurde der Nominalismus durch Petrus Aureolus († 1321) und Wilh. Durandus († 1332); der erstere ist Franziskaner, der letztere Dominikaner. Zu eigentlicher Entwicklung gelangte er jedoch durch Wilh. v. Okkam († 1347). Zwei weitere Anhänger von einiger Bedeutung sind noch Joh. Buridan in der 2. Hälfte des 14. Jahrh. und Gabriel Biel zu Ende des 15. Jahrh.[1]) Jeder Kenner der Scholastik weiß, daß Aureolus, Buridan und Biel keinen sonderlichen Einfluß auf die christlichen Schulen übten; es bleiben demnach nur Durandus und Okkam als die vorzüglichsten Verfechter desselben übrig. Beide haben aber weniger durch die Gediegenheit ihrer Doktrin, als durch ihre Excesse und Aergernisse Aufsehen gemacht. Bekanntlich lebte Okkam stets im Hader mit der Kirche; nicht leicht finden sich bei einem Schriftsteller solche Invektiven gegen Papst und Bischöfe, wie bei ihm. Sein Bündniß mit Kaiser Ludwig dem Bayer wider den Papst ist ebenfalls bekannt. Den doctor resolutissimus schildert Kleutgen treffend mit den wenigen Worten: „Durand machte vorzüglich Aufsehen durch die Keckheit, mit welcher er den gewöhnlichen Lehren der Theologen, namentlich aber den Ansichten des heil. Thomas, wo immer es nur, ohne den Glauben zu verletzen, möglich schien, widersprach. Und er ging hierin so weit, daß er schon während seiner Lebzeiten der Häresie beschuldigt und zum Wider-

---

[1]) Jourdain zählt zu den Nominalisten auch die beiden Augustinermönche Thomas von Straßburg und Gregor von Rimini, sowie Marsilius von Inghen, aber mit Unrecht. Op. cit. t. II p. 219.

ruf genöthigt, in den folgenden Jahrhunderten aber mehr als einer seiner Lehrsätze von der Kirche ausdrücklich verworfen wurde."[1] Wie will man glauben machen, daß solche Führer eine große Schaar von Anhängern nach sich gezogen haben? Dies ist schon an sich unmöglich, auch wenn man nicht wüßte, daß gegen den Nominalismus nicht blos die thomistische Schule kämpfte, sondern auch die skotistische. Die letztere bekämpfte den Okkamismus noch mehr als die Schüler des hl. Thomas; sie glaubte die Realität der Begriffe noch mehr betonen zu müssen und bildete deßhalb den Realismus eines heil. Thomas zum Formalismus fort. Wir wiederholen deshalb, daß der Nominalismus nur einen geringen Bruchtheil der christlichen Lehrer an sich gerissen hat. Er hat in Folge der kaiserlichen Gunst vorzüglich an einigen deutschen Hochschulen, wie Heidelberg, Wien und Cöln, Einfluß erlangt, aber den großen Strom der Schule konnte er ebensowenig, wie sein Vorläufer im 12. Jahrh., in besonderer Weise einengen. Der gemäßigte Realismus, wie ihn Aristoteles angebahnt und Albert b. Gr. und besonders Thomas im Anschluß an Augustin und Anselm ausgebildet haben, ist immer in den christlichen Schulen vorherrschend gewesen.

Wir würden den Einfluß der thomistischen Lehre im 14 Jahrh. nicht vollkommen behandeln, wenn wir der damaligen My st i k e r vergessen würden. E c k h a r t, T a u l e r, S u s o (sämmtlich Dominikaner), sowie der Weltpriester R u y s b r ö c k scheinen wohl weit von den abstrakten und trockenen Lehren der thomistischen Metaphysik entfernt zu sein, wenn sie den Liebesflug der Seele zu Gott und ihr Ruhen im Unendlichen schildern. Und doch sind auch sie Peripatetiker und Anhänger des englischen Lehrers, dem sie es verdanken, wenn sie auf diesen schlüpfrigen Pfaden nicht straucheln. Nach den neuesten Forschungen des Dominikaners Denifle[2] ist es ausgemacht, daß der Hauptmystiker des 14. Jahrh., Meister Eckhart, sogar mehr Scholastiker als Mystiker ist.

Im 15. Jahrh. erlitt die scholastische Philosophie einen bedeutenden Niedergang. Dieser Niedergang betrifft jedoch weniger

---

[1] Philosophie der Vorzeit, Bd. I, p. 344.
[2] Vgl. seine verdienstvollen Publikationen über „die Schriften des seligen Heinrich Seuse", in welchen er nachweist, daß die Mystiker in ihren Schriften nur die Lehre der Schule, besonders des hl. Thomas, zum Ausdrucke bringen.

den Inhalt als die Form. Die Sprache wurde sehr vernachlässigt und an die Stelle des klaren und leicht verständlichen Lateins eines hl. Thomas trat eine steife, schmucklose und mitunter geradezu barbarische Ausdrucksweise. Deßgleichen fand eine Uebertreibung und Ausartung der aristotelischen Methode statt. In übermäßiger Weise wurde das Pro und Contra bei jeder Frage erörtert und dadurch eine Subtilitätssucht und ein Widerspruchsgeist großgezogen, der jeden wissenschaftlichen Ernst und jede objektive Würdigung fremder Meinung verbannte. Wenn wir aber auch in dieser Beziehung einen „Verfall" der Scholastik zugeben, so müssen wir entschieden läugnen, daß der Lehrinhalt in Verfall gerathen sei. Im Gegentheil, seit der im Jahre 1323 durch Joh. XXII. erfolgten Heiligsprechung des Aquinaten, bei welcher seiner Lehre und seinen Schriften das höchste Lob gespendet wurde, stieg sein Ansehen immer mehr. Die Päpste des 14. und 15. Jahrh. unterließen es auch nicht, in ihren Bullen immer wieder auf diese Leuchte in der Wissenschaft hinzuweisen. So that Clemens VI. in einer Bulle v. J. 1344; Urban V. in der Bulle Copiosus v. J. 1368 und Nikolaus V. i. J. 1451. Urban V. schreibt der Universität Toulouse die bedeutungsvollen Worte: Volumus et tenore praesentium vobis injungimus, ut dicti B. Thomae doctrinam tanquam veridicam et catholicam sectemini eamque studeatis totis viribus ampliare. Es darf uns deßhalb nicht Wunder nehmen, wenn wir auch im 15. Jahrh. die verschiedenen Orden und die meisten Universitäten an der Doktrin des englischen Lehrers festhalten sehen. Allerdings fand dieselbe in diesem Jahrh. keine Weiterbildung. Es fehlte an starken Geistern und spekulativen Köpfen, welche im Stande gewesen wären, das überkommene Erbe fortzubilden und originell zu gestalten. Hievon müssen wir jedoch zu Gunsten der Dominikanerschule eine rühmliche Ausnahme machen. In ihr blühten im 15. Jahrh. einige nicht unbedeutende Lehrer. Den Princeps Thomistarum haben wir bereits erwähnt; seine libri defensionum nennt Werner „unstreitig das vorzüglichste Werk der mittelalterlichen Thomistenschule mit vollständigster Berücksichtigung aller Meinungsgegensätze zur thomistischen Doktrin, welche aus der nachthomistischen Entwicklung der Scholastik während zweier Jahrhunderte sich herausgebildet hatten".[1]) An ihn schließen sich an Dominikus von

---
[1]) T. c. W. III. Bd. p. 151.

Flandern († 1500), Silvester v. Ferrara,¹) Silvester Prierias, Didakus Deza und ganz besonders der berühmte Commentator der theologischen Summe des hl. Thomas, Thomas del Vio, welcher zu Ende des 15. Jahrh. noch als Jüngling zu Pavia zu lehren begann.²) Aber auch außer dem Dominikanerorden gab es manchen Lehrer, der sich größeres Ansehen zu erwerben wußte. Wir erwähnen hier nur des berühmten Dionysius Carthusianus († 1471 zu Roermonde). Derselbe ist nicht blos Mystiker, sondern hat sich auch viele Verdienste um die Commentirung mancher Werke des hl. Thomas erworben, dem er sich enge anschließt. Selbst den berühmten Kanzler der Pariser Universität, Joh. Gerson († 1429), müssen wir hierherziehen. Derselbe wird meistens zu den Nominalisten gezählt; er ist jedoch nicht Nominalist, sondern bekämpft sowohl den Okkamismus, als auch den Formalismus des Skotus. Er sucht nur zwischen dem Realismus des hl. Thomas und dem Nominalismus zu vermitteln, bewegt sich jedoch im Ganzen im Ideengange des Aquinaten. Wer daran zweifeln will, der lese, was Kleutgen zur Rechtfertigung des Gerson in seiner Theologie der Vorzeit geschrieben.³)

Wenn wir dem hl. Thomas auch im 15. Jahrh. eine allgemeine Herrschaft zuschreiben, so wissen wir wohl, daß im selben Jahrhundert jene übergroße und schwärmerische Liebe zu den heidnischen Classikern und den heidnischen Kunstformen erwacht, der wir die Renaissance verdanken; wir vergessen nicht, daß in diesem Jahrh. Marsilius Ficinus, die beiden Pico v. Mirandula, Reuchlin, Pomponatius und die vorzüglichsten Vertreter des Humanismus und der Averroistenschule in Italien geboren wurden. Wir vergessen auch nicht, daß man wieder anfing, Plato dem Aristoteles vorzuziehen und Aristoteles anders zu erklären, als es die Scholastik that, der man vorwarf, sie habe Aristoteles corrumpirt, um mittelst seiner den Glauben zu begründen. Aber

---

¹) Der erste und zugleich der berühmteste Commentator der Summa c. Gentes.

²) Hierher gehört auch der Dominikaner Savanarola, nachmaliger Volkstribun und Beherrscher von Florenz. Seine vielen theologischen, moralischen, politischen und ascetischen Schriften stehen trotz aller Ueberschwänglichkeit auf thomistischem Boden.

³) Bd. III, p. 337—343.

trotzdem nehmen wir von unserer Behauptung nichts zurück. Allerdings bildet die Renaissance mit allem, was zu ihr gehört, einen vollendeten Gegensatz zur Scholastik und ganz besonders zur Doktrin des englischen Lehrers, aber im 15. Jahrh., namentlich in der ersten Hälfte, war man sich dieses Gegensatzes weniger bewußt. Man gab sich der griechischen Literatur und griechischen Bildung mit Jubel und Begeisterung hin, ohne sofort die bisherige Philosophie und Theologie aufzugeben. Die ersten Begründer und Vorläufer der neuen Periode traten auch mit einer gewissen Mäßigung auf; man denke an Ficinus und die beiden Piko, welche sich trotz aller Vorliebe und Hinneigung zu Plato nicht in einen Gegensatz zur Scholastik setzen wollten. Allmählig erkannte man wohl die Unversöhnlichkeit des neuen Geistes mit dem alten und fing an, nicht blos das barbarische Latein der Scholastik zu beklagen, sondern auch den Lehrinhalt zu bekämpfen und verächtlich zu machen. Doch zeigten sich die Früchte dieser neuen Cultur mehr gegen das Ende des 15. und zu Anfang des 16. Säkulums.

Das 16. und 17. Jahrh. hat der Kirche tiefe Wunden geschlagen; nicht blos Millionen von Seelen sind dem Unglauben und Irrglauben verfallen, sondern auch die christliche Cultur und Wissenschaft hat große Einbuße erlitten. Die göttliche Vorsehung ermangelte jedoch nicht, auch diese traurigen Jahrhunderte mit reichem Troste zu erfreuen. Ein Haupttrostmittel gegen Rationalismus und Häresie bildete die **Wiedererneuerung der Scholastik**. Abermals ist es der Predigerorden, dem wir diese Wiedergeburt verdanken. An den Universitäten der spanischen Halbinsel Salamanka, Alkala und Coimbra erlebte die mittelalterliche Wissenschaft eine solche Blüthe, daß selbst die Pariser Schule in Schatten gestellt wurde. Diese Blüthe beginnt mit dem Auftreten des **Franz v. Vittoria** († 1566) zu Salamanka, der zu seinen Schülern die berühmtesten Lehrer zählt, wie z. B. Dominikus Soto, Barth. Medina, Ferd. Vasquez.[1] Was die Dominikaner begonnen haben, das setzte mit noch größerem Eifer und wir dürfen sagen mit noch größerem Erfolge

---

[1] Zwei Dominikaner haben auch auf Geheiß Papst Pius V. 1570 zu Rom die erste Gesammtausgabe der Werke des hl. Thomas in 17 Foliobänden besorgt.

der Jesuitenorden fort. Von seinem Stifter angewiesen, überall die scholastische Theologie und Philosophie zu lehren [1], sehen wir im 16. und 17. Jahrhundert die ausgezeichnetsten Söhne des hl. Ignatius an der Restauration der Wissenschaft des Mittelalters arbeiten. Wir können diese Namen nicht alle verzeichnen, da wir ganze Seiten damit ausschreiben müßten; nur die vorzüglichsten seien erwähnt. Gabriel Vasquez († 1640), lehrte zu Alkala und an vielen anderen Anstalten; er hinterließ ausgezeichnete „Disquisitiones metaphysicae". Noch höher steht Franz Suarez († 1617); er ist einer der begabtesten philosophischen Köpfe und hat viele philosophische Schriften hinterlassen.[2] Außer diesen beiden nennen wir noch Paul Vallius, Ant. Rubius und Franz Alphonsus, von denen die ersten beiden Commentare zu Aristoteles, der letztere einen Cursus philosophicus in 5 Foliobänden hinterließ. Nicht dürfen wir die großartige exegetische Arbeit der Jesuiten zu Coimbra vergessen. Ihr Collegium Conimbricense bietet einen großartig angelegten Commentar zu allen aristotelischen Werken, welcher nicht blos die scholastischen Commentare berücksichtigt, sondern die gesammte exegetische Tradition, auch die griechische, aufnimmt. Außer den Dominikanern und Jesuiten betheiligen sich auch die anderen Orden an diesem Restaurationswerk, in hervorragender Weise die Carmeliten, denen wir außer ihrem berühmten Cursus theologicus Salmanticensis ein ähnliches exegetisches Werk über die philosophischen Werke des Aristoteles verdanken, das Collegium Complutense. An die Carmeliten reihen sich die Augustiner, Benediktiner, Cistercienser, Mercedarier, der Orden der Barmherzigkeit und viele andere Lehrer an den verschiedenen Hochschulen, besonders die Löwener Doktoren.

Wenn wir aber fragen, welchen von den großen Meistern des 13. Jahrh. sich diese stattliche Schaar von Lehrern als Führer erkoren hat, so ist es wieder der englische Lehrer, um

---

[1] In Theologia legetur vetus et novum Testamentum et doctrina Scholastica Divi Thomae .... In Logica et Philosophia naturali et Morali et Metaphysica doctrina Aristotelis sequenda est. Const. Societ. Jesu pars IV, c. 14.

[2] Seine Werke sind 1740—1751 in einer Gesammtausgabe zu Venedig in 23 Foliobänden erschienen.

den sie alle geschaart sind. Schon der Titel ihrer Werke sagt uns, in welchem Geiste sie verfaßt sind. **Philippus a S. Trinitate** schreibt eine „Summa philosophica ex mera Aristotelis et Thomae doctrina juxta legitimam scholae Thomisticae intelligentiam". Das berühmte Werk des Benediktiners **d'Aguirre** führt den Titel „Philosophia ad mentem Aristotelis et divi Thomae Aquinatis". **Johannes a St. Thoma** hinterläßt einen „Cursus philosophicus ad exactam, veram et genuinam Aristotelis et Doctoris Angelici mentem." Die meisten der wieder auflebenden oder neu gegründeten Orden und Congregationen haben sich durch ein Statut verpflichtet, der philosophischen und theologischen Doktrin des hl. Thomas zu folgen. Der hl. Ignatius will nicht blos, daß die Professoren der Gesellschaft Jesu der Theologie des englischen Lehrers folgen, sondern verpflichtet dieselben, auch seiner Philosophie sich anzuschließen. In den Regeln für die Professoren der Philosophie heißt es: In rebus alicujus momenti ab Aristotele non recedant... De St. Thoma nunquam non loquantur honorifice, libentibus illum animis, quoties oporteat sequendo, aut reverenter aut gravate, si quando minus placet, deserendo.¹) Aehnliche, wo möglich noch strengere Vorschriften finden wir bei den Trinitariern, Carmeliten, Mercedariern, Augustiner-Chorherrn, Benediktinern, Hieronymiten und Piaristen. So dürfte es sich leicht erklären, wie in kurzer Zeit die Lehre des Aquinaten abermals Gemeingut aller katholischen Schulen und Anstalten werden konnte.

Was diese allgemeine Herrschaft des englischen Doktors besiegelte, ist ein Umstand von großer Bedeutung. Seit dem 12. Jahrhundert bildeten die Sentenzen des Lombardus das allgemeine theologische Schulbuch. Jeder Lehrer legte es seinen Vorlesungen zu Grunde und verfaßte Commentare zu demselben. Daher kam es, daß die Hauptwerke unserer mittelalterlichen Meister in Commentaren zum Lombardus bestehen. Dies wurde mit dem 16. Jahrhundert anders. An die Stelle des Sentenzenmeisters trat der hl. Thomas; seine Schriften wurden in den Schulen erklärt. Ganz besonders ist es sein vortreffliches und bestes Werk, die theologische Summa, welche Schulbuch wurde

---

¹) Decreta Congreg. General. Aven. 1830 t. I. p. 341.

und über welche von nun an fast jeder bedeutende Lehrer Commentare schrieb. Nachdem bereits in der zweiten Hälfte des 15. Jahrhunderts einige Lehrer die theologische Summa in den Schulen zu erklären angefangen hatten, finden wir zu Anfang des 16. Jahrhunderts gleichzeitig drei berühmte Lehrer damit beschäftigt, Commentare zur Summa zu publiciren, nämlich Cajetan zu Rom, Conrad Köllin zu Heidelberg und Peter Crockart, der Lehrer Vittoria's, in Paris. Ihnen folgen rasch viele andere Lehrer, so daß man außer den Commentaren zu anderen Schriften des Aquinaten solche über die theologische Summa bald mehr als zwanzig zählen konnte.[1]) Die Commentatoren unterlassen auch nicht, zu bemerken, warum sie die Summa des hl. Thomas dem Sentenzenbuch und den Werken der anderen großen Lehrer vorziehen. Sie finden diese Summa als am besten geordnet, abgerundet und am meisten verständlich geschrieben. Nos divino favore, schreibt Toletus bei Beginn seiner Exposition derselben, non Magistrum, sed S. Thomam, suscipimus interpretandum. Scripsit autem S. Thomas super ipsum Magistrum quaestiones, sicut multi alii; quod opus Scripta vocantur. Fecit etiam aliud opus matura jam aetate, quod Summa Theologica dicitur, in qua ab ordine Magistri recessit, et miro ordine, brevitate et gravitate res theologicas discussit; opus quidem utilissimum, et nunquam satis laudatum ...[2]) Unter allen Erklärern nimmt aber Suarez den ersten Platz ein. Er hat über die theologische Summa viele große Foliobände geschrieben und in denselben die philosophische und theologische Doktrin des Engels der Schule mit solcher Treue, Klarheit und Ausführlichkeit dargelegt, daß man ihn mit Recht zu seiner Zeit als den wiedererstandenen Thomas (alter Aquinas), den Mund des Aquinaten, den ersten Schüler und besten Interpreten des doctor angelicus gefeiert hat.[3])

Wenn wir der thomistischen Doktrin eine solche allgemeine Verbreitung und Anerkennung zuschreiben müssen, so wollen wir

---

[1]) Bis zum Anfang des 18. Jahrh. zählte man über 700 Autoren, welche über die Schriften des hl. Thomas Commentare verfaßt haben.

[2]) Fr. Toleti in Summam theologiae St. Th. Aqu. Enarratio. Romae 1869 t. I. p. 5.

[3]) Vgl. Werner „Suarez und die Scholastik der letzten Jahrhunderte." Bd. I. p. 90 ff.

dadurch der skotistischen Schule in diesen beiden Jahrhunderten nicht alle Bedeutung absprechen. Im Gegentheil, die eigentliche Bedeutung des Duns Skotus als Führer einer Schule fällt, wie schon früher angeführt, nicht in das 13. und 14. Jahrh., sondern in die Zeit der Neugestaltung der Scholastik. Ausgezeichnete Lehrer haben „ad mentem Scoti" über die peripatetische Philosophie geschrieben; wir erinnern nur an Ph. Faber, Bellutus und Mastrius. Auch außerhalb des Franziskaner-Ordens haben einzelne der skotistischen Doktrin gehuldigt, wie z. B. Fr. Aretinus, Generaldefinitor des Observanten-Ordens. Doch behielt die skotistische Schule immer eine untergeordnete Stellung und mußte sich in Folge der allgemeinen Strömung für Thomas vielfach der thomistischen Schule nähern. Es ist sicher nicht zu viel behauptet, wenn Werner in dieser Beziehung schreibt: „Obschon nun die Skotistische Schule neben der Thomistischen eine geachtete Stellung behauptete, und nicht wenige ihrer Sätze auch außerhalb der Ordensschule Billigung fanden, so ist doch unverkennbar, daß die auf Wiederherstellung des christlichen Peripatetismus gerichteten Bestrebungen hauptsächlich dem Interesse galten, welches an der Lehre des hl. Thomas als mustergiltig vollendetem und durchgeführtem Systeme der kirchlichen Lehrwissenschaft genommen wurde. In der gemeinsamen Anerkennung der Auktorität des hl. Thomas begegneten und versöhnten sich Gedankenrichtungen, die sonst durchaus nicht miteinander stimmten; und selbst die Skotistenschule konnte sich der Macht und dem Ansehen, welches er behauptete, nicht schlechthin entziehen. In jenen Ländern namentlich, welche von den geistigen Bewegungen und Erschütterungen der deutschen Reformation entweder gar nicht erreicht oder doch nur oberflächlich berührt worden waren, konnte man sich mit ungetheilter Muße und unverkümmertem Vertrauen auf die Richtigkeit und Zuverläßigkeit der restaurirten peripatetischen Philosophie einem eindringlichen Studium des heiligen Thomas hingeben, und so erwuchs aus zweihundertjährigen Bemühungen im Zusammenwirken einer großen Zahl höchst ansehnlicher geistiger Kräfte eine Thomistisch-theologische Literatur, die in Absicht auf Großartigkeit der Leistungen, Gründlichkeit und Tiefe der sie beseelenden Ueberzeugungen als eine in ihrer Art einzige Erscheinung dasteht, und zu den herrlichsten Zeugnissen gehört, welche der in der Kirche waltende Geist der Wahrheit und der Erkenntniß, des Rathes und der Wissenschaft sich geschaffen hat."¹)

Derjenige würde jedoch diese wissenschaftliche Bewegung schlecht verstehen und volle Unkenntniß der wissenschaftlichen Leistungen dieser zwei Jahrhunderte verrathen, der glauben würde, daß diese Männer einfach die Gedanken des hl. Thomas repristinirt haben. Nein, diese Männer haben eine w a h r e R e f o r m der christlichen Philosophie herbeigeführt. Sie haben all' die Mängel erkannt, an denen die Scholastik des 15. Jahrh. krankte. Sie beklagen die barbarische Sprache, die Uebertreibung der Methode, die Sucht nach Außergewöhnlichem und das Hereinziehen von unnützen und vorwitzigen Fragen. Um diese Gebrechen zu vermeiden, kehren sie zu der einfachen Schreibweise und zur Methode des englischen Lehrers zurück. Weil sie aber für das 16. und 17. Jahrhundert schreiben, das andere wissenschaftliche Bedürfnisse kennt, als das 13. und 14., so ist auch der Lehrinhalt bei ihnen vielfach anders, als beim Aquinaten. Obwohl sie in allen wichtigen Fragen ihm folgen, so sind sie doch keineswegs der Ansicht, als sei alles, was er geschrieben, vollendet und nicht mehr verbesserungsbedürftig. Sie weichen deßhalb in untergeordneten Punkten von ihm ab. Sie thun dies aber (und die größten Geister verlassen ihn am seltensten) mit solcher Bescheidenheit, daß man daraus ersieht, wie hoch die Autorität des englischen Doktors ihnen steht.²) Und weil ihre Zeit neue Fragen und neue wissenschaftliche Probleme aufgeworfen hat, so suchen sie auf dem alten Boden stehend die neuen Fragen zu lösen und auf diese Weise die Doktrin des hl. Thomas weiter zu bilden und zu vervollkommnen. Um zu erkennen, wie sehr die Philosophie unter den Händen dieser Männer gewonnen hat, braucht man nur die „Disputationes Metaphysicae" von Suarez mit einschlägigen Materien in den Schriften des hl. Thomas zu vergleichen. Man wird finden, wie sehr sich das philosophische Material erweitert hat, wie die

---

¹) Der hl. Thomas von Aquin, Bd. III. p. 142.
²) Melchior Canus erzählt von seinem Lehrer Vittoria den schönen Zug: Memini de praeceptore meo ipso audire, cum nobis secundam secundae partem coepisset exponere, tanti Divi Thomae sententiam esse faciendam, ut si potior alia ratio non succureret, sanctissimi et doctissimi viri satis nobis esset auctoritas. De locis theol. t. II. l. XII. c 1.

Zahl neuer Fragen gewachsen ist, und wie die Gedanken des englischen Lehrers auf ganz neue Wissensgebiete Anwendung gefunden haben. Kurz wir finden alle Forderungen der Neuzeit befriedigt. Wollten wir die Fortschritte in der Theologie verzeichnen, so müßten wir ganz neue Zweige dieser Wissenschaft angeben, welche der früheren Spekulation einverleibt wurden. Man denke nur an die Schrift des Melchior Canus (ein Schüler des Vittoria) „von den theologischen Beweisquellen", die ganz neue Wege einschlägt. Aber trotz der Neuheit der daselbst behandelten Untersuchungen muß Canus gestehen, daß er zur Abfassung derselben durch Thomas veranlaßt und von ihm geleitet worden sei — Divus Thomas mihi et auctor et magister fuit hujus operis componendi.[1])

Bekanntlich fand die Philosophie des Cartesius gegen Ende des 17. und zu Anfang des 18. Jahrhunderts in Frankreich und anderen Ländern starke Verbreitung und that der Herrschaft der thomistischen Doktrin starken Eintrag. Auch Paris, die Jahrhunderte lange Pflegerin mittelalterlicher Philosophie, fiel dem modernen Geiste anheim. Du Pin schreibt über die Studieneinrichtung zu Anfang des 18. Jahrh. zu Paris die bezeichnenden Worte: Olim philosophia Aristotelica ad Averroistarum methodum in scholis tradebatur, verum hodie professores non adeo serviliter philosophiae huic mancipantur, sed scriptis suis ad principia nova deducunt, et ad modernorum philosophorum inventa.[2]) Aber man geht zu weit, wenn man behauptet, daß zu Ende des 17. und im 18. Jahrhundert die thomistische Philosophie in den katholischen Schulen allgemein aufgegeben worden und der Verachtung anheimgefallen sei. Etwas solches läßt sich schon nach dem Bisherigen nicht annehmen. Die in den vorausgehenden Jahrhunderten herrschende Begeisterung für den Aquinaten und ihre großartigen literarischen Produkte konnten unmöglich so schnell erlöschen und in volle Vergessenheit gerathen. Es würde dies voraussetzen, daß man in den Orden, die auch im 18. Jahrh. die Hauptträger der christ-

---

[1]) De locis theologicis. Vienn. 1754 t. II. l. XII. c. 3. Im selben Kapitel nennt er den heiligen Thomas „diligentissimus absolutissimusque Theologus."

[2]) Vgl. Werner b. c. W. Bd. III. p. 633.

lichen Spekulation waren, die Doktrin des Engels der Schule abgeschafft hätte. Wir haben aber dafür keine Beweise, im Gegentheil, die Orden haben sich gegen die Cartesianische Philosophie gewehrt und sind für Thomas eingetreten.

Bezüglich der Dominikaner brauchen wir keinen Nachweis zu erbringen; sie bleiben auch in diesem modernen Jahrhundert, wo der Geist der neuen Zeit bereits stark zu wehen beginnt, ihrem großen Ordensgelehrten treu. Wir bemerken nur, daß die Dominikaner im vorigen Jahrhundert noch viele Schulen besaßen. Dasselbe gilt von den Augustinern, bei welchen das Statut noch immer in Kraft war, welches auf Aegydius, den treuesten Schüler des Aquinaten, verpflichtete. Das General-Capitel der Carmeliten zu Rom 1722 hören wir abermals beschließen: Decisum est in Provincia Castellae professores tum intra quam extra Claustra sententiam D. Thomae sequi debere. In den 1729 revidirten Statuten der Hieronymiten heißt es: „In allen unseren Collegien soll nach der alten und unverbrüchlichen Gewohnheit unseres Ordens sowohl in der Philosophie als in der Theologie die Lehre des hl. Thomas erklärt werden, und dürfen die Professoren Meinungen, welche derselben widerstreiten, weder veröffentlichen noch überhaupt vertheidigen."[1]) Im Jesuitenorden hat allerdings die Cartesianische Philosophie manchen Anhänger gefunden, aber der Orden ist dagegen nicht gleichgültig geblieben. Die General-Congregationen v. J. 1730 und 1751 befürchten, es möchte auch in die Jesuitenschulen eine allzugroße Meinungsfreiheit in philosophischen Dingen sich einschleichen, — ne irrepat nimia in rebus philosophicis opinandi libertas. Demnach stellen sie fest, daß die aristotelische Philosophie mit den Fortschritten der Physik und Mathematik sich recht wohl vereinbaren lasse und daß deßhalb die Ordenslehrer nicht blos in der Logik und Metaphysik, sondern auch in der Naturphilosophie an das peripatetische System, ganz besonders in der Frage bezüglich der Principien der Körper, sich zu halten haben. Wenn die Provincialoberen solche Lehrer treffen würden, welche sich von den Neuerungen in der Philosophie nicht lossagen würden, so sollten sie ihr Lehramt verlieren.[2])

---

[1]) Stimmen aus Maria-Laach, Bd. 18, p. 406.
[2]) Decreta Congreg. General. Avenione 1830 t. II, p. 326. decret. 36. Vgl. ibid. decr. 13, p. 339.

Man sieht, wie sich der Orden ganz besonders gegen die atomistische Naturphilosophie eines Cartesius und Baco v. Verulam verwahrt, die damals sich allgemein zu verbreiten suchte. Wenn man bedenkt, in wie vielen Schulen die Jesuiten in der ersten Hälfte des vorigen Jahrhunderts die Philosophie lehrten, so läßt sich ermessen, wie wenig Recht man hat, zu sagen, daß um diese Zeit die Lehre des hl. Thomas in den katholischen Schulen keine Anhänger mehr zählte.

In ganz besonderer Weise hat jedoch der Benediktinerorden in Deutschland und namentlich in Bayern in der zweiten Hälfte des 17. und im 18. Jahrhundert sich hervorgethan, um die Philosophie und überhaupt die thomistische Wissenschaft zu pflegen und gegen die Neuerer zu vertheidigen. An der ihnen 1621 übergebenen Salzburger Universität wurde bis fast zum Ende des 18. Jahrhunderts nach dem hl. Thomas vorgetragen.[1] Wir nennen von den Vielen nur: A. Reding, der eine „theologia scholastica in omnes partes D. Thomae"[2] in 13 Bänden schrieb; L. Babenstuber, dessen „Philosophia Thomistica sive cursus philosophicus secundum doctrinam D. Thomae Aquinatis"[3] auch schlechthin den Namen „Philosophia Salisburgensis" erhielt. Dem Placidus Renz verdanken wir nicht blos eine Theologia ad mentem D. Thomae, sondern auch eine „Philosophia Aristotelico-Thomistica";[4] sein Neffe Renz schrieb eine viel gebrauchte und gerühmte „Philosophia ad mentem Angelici Doctoris divi Thomae."[5] Nicht dürfen wir vergessen die vortrefflichen philosophischen Curse von Wenzl,[6] Schnell und Desing,[7] wobei der letztere ganz besonders die thomistischen Principien auf die Erfahrungswissenschaft anwendet.

---

[1] Vgl. über diese ruhmvolle Thätigkeit „Hist.-polit. Blätter", Bd. 72: „V. Die Benediktiner und ihre Universität Salzburg." p. 485—523 u. 581—608.

[2] Einsidlae 1687.

[3] Augustae Vind. 1706 u. 1724.

[4] August. V. 1741.

[5] Zuerst 1697, dann in Altorf 1717, Cöln 1723.

[6] Philosophia angelico-thomistica sive quaestiones peripatet. ad mentem divi Thomae. 4 pts. Aug. V. 1739.

[7] Philosophia Aristotelica secundum explicationem S. Thomae Aqu. subsidiis suis ad physicam experimentalem instructa. Salisb. 1741.

Großen Werth besitzen auch die Commentare zur theol. Summa von Hyac. Peri (Styriae 1718—29 in 5 Bd.). Auch die schon erwähnte ausgezeichnete Philosophie des Benediktiners d'Aguirre erlebte 1722 zu Kempten in IV Tomi eine neue, leider die letzte Auflage.

Aber auch aus den anderen Orden besitzen wir eine nicht geringe Anzahl philosophischer und theologischer Schriften, die im Sinne des englischen Lehrers verfaßt sind. Wir nennen nur die Augustiner Baranus und Florez, die Jesuiten Kolbe und Aguilar (in I. partem D. Thomae 5 voll. Cordubae 1731), den spanischen Oratorianerpriester Vinc. Calatayud ("Divus Thomas. dissert. scholast. dogm." 5 voll. 1744—1752), die Carmeliten Joseph Angelus und Emerich a St. Steph. ("Philosoph. Thomist." Ratisb. 1729), den Eremiten L. Paxy, den Piaristen Innocentius a St. Thoma Aqu., den Marc. Suppeur, aus dem Orden der minderen Brüder, den Barnabiten Puteobonellus, den Cistercienser Koendig. Daß um die Mitte dieses Jahrhunderts noch Interesse für den Aquinaten vorhanden, beweist auch die von B. de Rubeis 1745—1758 zu Venedig besorgte und mit Dissertationen versehene Gesammt=ausgabe der Schriften des Engels der Schule.[1]

Allerdings je weiter wir in diesem Jahrhundert hinauf=gehen, desto mehr lichtet sich die Schaar der Thomisten, desto seltener werden ihre Werke; der Gallikanismus, Jansenismus, Josephinismus und Cartesianismus verdrängen die alte Wissen=schaft auch aus solchen Stätten, wo sie Jahrhunderte lang ein Heim besaß. In Ingolstadt erscheint 1755 durch den Jesuiten Mangold die erste Philosophie[2] im Cartesianischen Sinne, wel=cher bald die fünfbändige Philosophie seines Ordensgenossen Bened. Stattler[3] folgt. Doch hat sich die thomistische Doktrin nicht ganz verloren. Selbst zu Ende dieses Jahrhunderts treibt sie einige schwache Blüthen. Wir erinnern nur an die thomisti=schen Versuche von den beiden Minoriten in Tirol, Herkulan

---

[1] 28 vol. in 4°.
[2] Philosophia rationalis et experimentalis. 3 voll. Ingolstadii et Monach. 1755.
[3] August. V. 1769—1780.

Oberrauch und Philibert,[1]) sowie an die Werke von Joh. Opsträt und dem Carmeliten Petr. von Alkantara.[2]) Man hat aus dieser allgemeinen Bekämpfung der thomistischen Wissenschaft und ihrer Verdrängung aus den katholischen Schulen um diese Zeit ein Argument über den Werth derselben schmieden wollen, dessen sich sogar katholische Schriftsteller bisweilen bedienen. Es gibt aber nichts Unvernünftigeres, als aus diesem Kampfe etwas gegen die Wahrheit der thomistischen Lehre ableiten zu wollen. Waren denn die Bekämpfer der Doktrin des hl. Thomas nicht dieselben Männer, welche das kirchliche Leben und die kirchlichen Einrichtungen und Lehren zu untergraben suchten? Rationalisten, Jansenisten, Freigeister und ausgesprochene Kirchenfeinde haben die antithomistische Strömung hervorgerufen und wach gehalten, der allerdings auch mancher gut gesinnte Lehrer und Theologe zum Opfer gefallen ist. Wenn man aus diesem Abfall über den Werth der Philosophie des Aquinaten etwas folgern will, so kann dies nur zu Gunsten derselben sein. Eine Philosophie, die von den Feinden der Wahrheit mit glühendem Hasse verfolgt wird, kann in den Augen des Katholiken nur an Werth gewinnen. Eine Wissenschaft, die nach 500 Jahren noch solche Lebenskraft besitzt und zu solchem Kampf herausfordert, kann nicht voll des Irrthums sein, wie die Gegner glauben machen möchten. Man bekämpft nicht Skotus oder einen anderen der großen alten Meister; all der Haß und die Verleumdung trifft den englischen Lehrer und seine Doktrin, weil seine Wissenschaft allein die Zeit überdauert hat. Der Vorwurf hätte einigermaßen noch einen Sinn, wenn auf den Abfall vom englischen Lehrer eine großartige Blüthe in den christlichen Schulen erfolgt wäre. Aber gerade das volle Gegentheil ist eingetreten. Der Cartesianismus und die Philosophie der Aufklärung hat alles philosophische Streben vernichtet und die kirchliche Wissenschaft bettelarm gemacht, abgesehen von all den anderen Uebeln, die sie im Gefolge hatte.

---

[1]) Philosophie der Aeltesten. 8 Bd. 1792.
[2]) Die 4 Thl. der „Philosophiae theoreticae" (1820/29) von dem Stamser Chorherrn Lechleitner wollen beim hl. Thomas und Augustin anknüpfen, aber es fehlt das tiefere Verständniß der thomistischen Doktrin, namentlich in der Naturphilosophie und Psychologie.

Die Gegner der Scholastik verweisen gern auf die berühmten katholischen Denker dieses Jahrhunderts, die Anhänger der neueren antischolastischen Philosophie gewesen sind. Man nennt Bossuet, Fenelon, Thomassin, Gerdil, Leibnitz, de Maistre. Es ist wahr, daß man diese Männer keine Thomisten im strengen Sinne des Wortes nennen kann; aber es ist ebenso richtig, daß sich diese Männer in der thomistischen Gedankensphäre bewegen. Sie weichen wohl mitunter von Thomas ab, aber sie glauben, daß sie sich nicht vom Geiste des hl. Thomas entfernen. Von Bossuet kann deßhalb Werner die schönen Worte schreiben: „Keiner Schule angehörig, fand er in seiner Seele etwas mit der erhabenen Denkart des großen Thomas Aquinas Verwandtes, und würdiget in diesem Sinne die eigenthümlichen Vorzüge der Platonischen, wie der Aristotelischen Weisheit; die tiefsinnigsten Gedanken der Theologie findet er bei dem hl. Augustin, die vornehmste Auktorität der Schule ist ihm der hl. Thomas; in der Physiologie aber sucht er sich mit Hilfe Cartesischer Principien zu verständigen."[1]) Wir fügen noch hinzu, daß er auch in der Physiologie in den principiellen Fragen, wie z. B. in der ausschlaggebenden Frage über das Verhältniß von Leib und Seele thomistisch denkt. Desgleichen ist seine Universalienlehre, in welcher er ausdrücklich Skotus bekämpft, die des englischen Lehrers.[2]) Von Leibnitz bemerkt Jourdain,[3]) daß man ein Buch mit dem Titel schreiben könnte: „Leibniz, disciple de saint Thomas." Wenn wir auch einen solchen Titel für übertrieben halten, so läßt sich doch nicht läugnen, daß der Aquinate auf den großen Leibnitz, namentlich auf seine Theodice, einen starken Einfluß geübt hat. Um nicht zu lang zu werden, bemerken wir nur, daß ähnliches von dem edlen Grafen de Maistre gilt. Er bekennt, „daß das Studium der Thomistischen Theologie die Grundlage jeder weiteren spekulativen Forschung abzugeben habe; Thomas ist der Meister der Schule, in welcher man gelernt haben muß, ehe man zu selbstständigen Denkversuchen schreitet. Ein solches Weiterschreiten auf Grundlage der Thomistischen Lehre liegt in der Natur der Sache; hätte

---

[1]) D. c. W. Bd. III. p. 614.
[2]) Vgl. Jourdain op. c. t. II. 264 ff.
[3]) Ibid. p. 266.

Thomas um vierhundert Jahre später gelebt, so würde er wie Bossuet oder wie Malebranche oder wie beide zugleich gedacht haben."¹) Somit beweisen uns auch diese Männer, die wir nicht zu den Thomisten rechnen, wie hoch das Ansehen des hl. Thomas ihnen gegolten hat. Trotz des zu ihrer Zeit erbitterten Kampfes gegen die alte Schule, getrauen sie sich kaum von ihm abzuweichen und wenn sie es thun, glauben sie in seinem Sinne gehandelt zu haben.

Fanden wir schon zu Ende des 18. Jahrhunderts die thomistische Literatur dünn gesät, so gilt dies noch mehr vom Anfang des gegenwärtigen Säkulum. Die französische Revolution mit ihren Nachwirkungen in ganz Europa, die Aufhebung der Klöster und Klosterschulen, die neu errichteten Staatsschulen, die an den Universitäten gehegte Kant'sche Philosophie konnten sich mit allem Andern eher vertragen, nur nicht mit der Lehre des Engels der Schule. Es beginnt für die katholische Philosophie die jämmerlichste, unfruchtbarste Periode. Die katholischen Denker gefallen sich, bei den protestantischen und rationalistischen Philosophen betteln zu gehen und die von ihrem Tisch abgefallenen Brosamen katholisch zu gestalten. Und was das schlimmste ist, diese Männer glaubten, auf diese Weise die wahre katholische Philosophie zu schaffen, deren die Kirche bisher in allen Jahrhunderten entbehrt habe. So erlebten Kant, Fichte, Schelling und Hegel auch auf katholischem Boden eine Auflage; man denke nur an den Hermesianismus, Güntherianismus und andere verwandte Bestrebungen auf katholischem Boden. Es hat allerdings auch nicht an solchen katholischen Denkern gefehlt, welche die Falschheit des modernen philosophischen Gedankens nach allen Seiten erkannten und in vollem Gegensatz zu demselben ihre Spekulation aufbauten. Diesem eifrigen und ehrlichen Bemühen verdanken wir die Systeme des Traditionalismus, Ontologismus und Rosminianismus. Aber die Kirche hat auch diese Systeme reprobirt und als unkirchlich verworfen. So sehr diese Männer ob ihres entschiedenen Kampfes gegen die moderne Philosophie zu loben sind, so sehr sind sie zu tadeln, weil auch sie glaubten, daß es noch keine katholische Philosophie gebe, sondern erst von ihnen vom Fundament aus geschaffen werden müsse. Das Merkwürdige

---

¹) Werner b. c. W. III. Bd. p. 776.

an diesen Männern aber ist, daß sie trotz der Neuheit ihrer Doktrin keine Gegner des hl. Thomas sein wollen. Bonald, Ventura, Lammenais, Gioberti, Rosmini und die Ontologisten Frankreichs und Belgiens, sie alle wollen ihre Lehre in der thomistischen Doktrin begründet sein lassen. Wenn man eine Schrift von Ventura zur Hand nimmt, etwa die Schrift „La Tradition", so findet man, daß Ventura an der Hand von Texten aus dem Aquinaten seinen Traditionalismus entwickelt. Rosmini verwahrt sich feierlich gegen die Annahme, als ob seine Erkenntnißlehre mit der thomistischen streite und bis zur Stunde suchen seine Schüler mit aller Anstrengung ihre Conkordanz mit dem Aquinaten nachzuweisen. Erst jüngst mußte ihnen Leo XIII. bedeuten, daß dies ein vergebliches Unterfangen sei. Von den Ontologisten ist bekannt, wie sehr sie Augustin, Thomas und Bonaventura zu Anhängern ihrer intuitiven Erkenntniß Gottes machen wollten. Dieses eifrige Bestreben, mit Thomas im Einklang zu sein, sagt uns klar, welche Auffassung diese Männer von der Doktrin und der Autorität des englischen Lehrers hatten. Sie waren der Ueberzeugung, daß keine Philosophie kirchlich sein könne, die mit Thomas in Widerspruch steht, daß er der Prüfstein ist für die Wahrheit oder Falschheit einer philosophischen Lehre. So müssen auch diese Männer indirekt das Ansehen und die Herrschaft des englischen Lehrers in der christlichen Philosophie beglaubigen.

Nach Verlauf der ersten Jahrzehnte des gegenwärtigen Jahrhunderts gewinnt die Kirche wieder größere Freiheit und größeren Einfluß auf Unterricht und Schule; in manchen Ländern darf sie philosophische und theologische Anstalten gründen. Auch die Orden erstehen allüberall wieder und lehren. Aber wen empfiehlt die Kirche als Führer in diesen Schulen? Es ist wiederum der Aquinate, der Hand in Hand geht mit der Erneuerung des christlichen Lebens. Die in den letzten vier Dezennien in Frankreich, Italien, den Niederlanden (Utrecht), Deutschland (Cöln) und Oesterreich abgehaltenen Provincialconcilien verlangen alle, daß der Clerus eine gediegene philosophische und theologische Bildung erhalten solle. Sowohl die philosophischen und theologischen Studien sollen jedoch im Anschluß an die alte kirchliche Wissenschaft, an die Scholastik, betrieben werden. Um nicht zu weitläufig zu werden, führen wir nur die schönen Worte des

Provincial-Concils von Bordeaux[1] v. J. 1868 an: Hanc philosophiam, quae a multis dicitur scholastica, et quae doctrinae revelatae mirifice consonans, ab eadem plurima mutuata est, atque a veteribus Patribus, graecorum ope philosophorum utentibus, exculta et purificata, deinde a S. Augustino potissimum adaucta, denique a scholasticis doctoribus praesertimque a D. Thoma perfecta, et in formam didacticam scientificamque redacta fuit, cum multis Episcopis sive Italiae sive Galliarum, in seminariis nostris juxta Papae Pii IX. vota instaurandam esse vehementer cupimus. Diesen Anordnungen des Episkopats in den verschiedenen Ländern im Verein mit dem hl. Stuhle verdanken wir die ersten Anläufe zur Wiederherstellung der thomistischen Philosophie. Allerdings sind es anfangs vereinzelte Namen, die mit der alten Tradition anknüpfen. Wenn wir die Dominikanerschule unberücksichtigt lassen, die ihrem Meister nie untreu geworden, so erscheinen als die ersten Vertreter und Neubegründer der thomistischen Philosophie: Balmes in Spanien; Clemens, Kleutgen, Stöckl in Deutschland; Sanseverino und Liberatore in Italien; Roux-Lavergne, Grandclaude, Bensa und Rosset in Frankreich nebst anderen in den verschiedenen Ländern. Den gediegenen Schriften dieser Männer ist es zu danken, daß beim sechsten Centenarium des hl. Thomas jedes Land von Neuscholastikern zu reden weiß. Und wenn wir jetzt die Anhänger des hl. Thomas in den verschiedenen Ländern aufzählen müßten, so kämen wir an kein Ende. Man darf getrost behaupten, daß fast allüberall, wo die Kirche freie Hand besitzt und lehren darf, die Philosophie des englischen Lehrers vorgetragen wird. Seitdem Leo XIII. sein mächtiges Wort für die Restauration der Philosophie des hl. Thomas in so entschiedener Weise gesprochen, hat die Begeisterung für die thomistische Wissenschaft eine solche Stärke angenommen, daß wir eine ähnliche Erneuerung der christlichen Spekulation im Sinne des Aquinaten hoffen dürfen, wie sie die kathol. Welt im 16. Jahrh. erlebt hat. Doch lassen wir die Zukunft, soviel steht aus dem Bisherigen fest, daß in der Vergangenheit seit dem 13. Jahrh. der englische Lehrer das Centrum ist, um das sich, wie die theologische, so auch die philosophische Spekulation bewegt. Der Abfall von ihm bedeutet jedesmal ein Sinken der christlichen Philosophie, die Rückkehr zu ihm hat stets einen Aufschwung derselben zur Folge.

---

[1]) Collectio Lacensis t. IV. decreta Conc. prov. Burdig. p. 842.

III. Kapitel.

Die Bedeutung der thomiſtiſchen Philoſophie für die Gegenwart.

Das Vorausgehende hat uns gezeigt, daß die philoſophiſche Lehre des hl. Thomas eine große Vergangenheit hinter ſich hat; ſie hat 600 Jahre faſt ununterbrochen in den chriſtlichen Schulen geherrſcht. Wir dürfen noch mehr ſagen. Weil die Philoſophie des Aquinaten ihrer Grundlage nach keine andere iſt, als die des Sokrates und ſeiner beiden großen Schüler Plato und Ariſto: teles, ſo zählt ihr Alter nach Jahrtauſenden. Wenn die Zeit ein Kennzeichen der Wahrheit iſt, ſo gibt es keine wiſſenſchaft: liche Doktrin, die mehr verbürgt wäre, als die thomiſtiſche. Nehmen wir noch hiezu, daß in dieſe Wiſſenſchaft aufgenommen iſt, was ſeit Sokrates Griechen und Lateiner, Philoſophen und Theologen, Kirchenväter, Araber und Juden an ſpekulativer Wahrheit erzeugt haben, ſo wird man die Frage ſchon beantwortet haben, ob die Philoſophie des hl. Thomas für unſere Tage noch Bedeutung beſitze. Eine ſolche Spekulation, die Jahrtauſende überſtanden, die in den ſchwierigſten Zeiten ſich behauptet, die nach der ge: waltſamſten Verdrängung und Niederwerfung immer wieder ſtark und mächtig ſich erhoben hat: eine ſolche Spekulation kann ihre Bedeutung nie verlieren. Sie repräſentirt eben die Wahrheit und die Wahrheit iſt ſtets zeitgemäß; ſie altert nicht, ſie iſt ewig jung. Wir wollen uns jedoch mit dieſem indirekten Nachweis der Bedeutung der thomiſtiſchen Philoſophie für unſere Zeit nicht begnügen; wir dürfen uns damit nicht begnügen. Es gibt ja

viele, welche der Scholastik ihre hohe Anerkennung nicht versagen
können und sogar zugeben, daß dieselbe die wahre Spekulation
gewesen sei. Sie läugnen nur, daß diese Art des Philosophirens
für unsere Zeit passe. Wie jede Zeit, sagen sie, so hat auch die
unsrige ihre eigenen wissenschaftlichen Bedürfnisse und Aufgaben,
welche nie und nimmer durch eine längst vergangene Spekulation
gelöst werden können. Mit der Rückkehr zur Doktrin des heil.
Thomas ist deshalb aller wissenschaftliche Fortschritt zu nichte
gemacht. Alle philosophische Thätigkeit wird in Zukunft nur darin
bestehen, zu erforschen, was der hl. Thomas lehrt, dessen Auk=
torität allein maßgebend ist. Das aber ist der Tod der Philo=
sophie, denn gerade die Philosophie will auf eigene Einsicht und
nicht auf Auktorität hin ihre Erkenntnisse gewinnen. Daß die
Kirche mittelst solch vergangener Wissenschaft keinen Einfluß auf
die Völker und ihre Cultur mehr üben kann, ist selbstverständlich.
„Wir werden wissenschaftlich nur dann fortschreiten", ruft uns
ein hochverdienter katholischer Gelehrter zu, „und die Irrthümer
der Gegenwart nur dann überwinden, wenn wir auch an die
Aufgaben der Gegenwart gehen, die doch nicht dieselben sind und
sein können, wie die einer früheren Periode, nur dann, wenn
wir auch den Gewinn des Forschens der Neuzeit anerkennen, ohne
die alte gering zu schätzen." [1])

Diesen Vorwürfen gegenüber müssen wir nachweisen, daß die
Philosophie des hl. Thomas den wissenschaftlichen Forderungen
unserer Zeit nicht entgegen ist, sondern im Gegentheile viele Be=
rührungspunkte mit denselben theilt. Viele philosophische Fragen
der Gegenwart sind mit denen des Mittelalters geradezu identisch.
Es wird sich bei diesem Nachweise weiter zeigen, daß die alte
Wissenschaft durchaus nicht dem wahren und gedeihlichen Fort=
schritt hinderlich ist, sondern vielmehr eine Grundlage bietet, auf
welcher der Wissensbau sicher und fest weitergeführt werden kann;
kurz gesagt: es wird sich zeigen, daß die scholastische Philosophie
zeitgemäß ist.

Wir können jedoch diese Zeitgemäßheit nicht vollständig er=
örtern, weil wir sonst das ganze wissenschaftliche Gebiet durch=

---

[1]) Ueber Grundlage, Gliederung und Zeitenfolge der Weltgeschichte. Drei
Vorträge v. Görres. Mit Vor= und Nachwort herausgegeben von Dr. M. A.
Strobl. München 1880. p. 224.

wandern müßten. Denn die Philosophie beeinflußt alle Wissenschaften im hohen Maße; sie ist für alles natürliche Wissen und bis zu einem gewissen Grade auch für die Theologie die Fundamentalwissenschaft, aus der alle anderen Wissenszweige wie Radien und Strahlen hervorgehen. Wir begnügen uns darzuthun, daß die thomistische Doktrin von großer Bedeutung ist für die Hauptwissenschaften unserer Tage: für die **Philosophie, Theologie, Naturwissenschaft** und **Rechts- und Social-Wissenschaft**.

1. Für die Philosophie.

Die Erneuerung der thomistischen Philosophie soll eine vollständige Vernichtung des modernen Denkens sein, eine Verläugnung all der großartigen Anstrengungen der neueren Philosophie, die gerade in Deutschland so großes geleistet haben will. Zur Widerlegung dieses Einwurfes stellen wir die Frage: was versteht man unter neuerer Philosophie, welche durch die Scholastik verdrängt werden soll? Sicher versteht man darunter nicht die Systeme, die sich seit Cartesius gebildet haben, denn diese Systeme stehen miteinander im vollendetsten Widerspruch. Jedes folgende System hat es sich zu einer Hauptaufgabe gemacht, das vorausgehende zu widerlegen. Diese Systeme braucht die Scholastik nicht zu verdrängen, sie haben sich gegenseitig selber begraben. Am allerwenigsten versteht man unter dieser modernen Philosophie den letzten Ausläufer der neueren Denkbewegung, der unter dem Namen der „Philosophie des Unbewußten" gegenwärtig eine große Anzahl von Geistern verwirrt und dem das menschliche Leben ein Aberwitz und ein Carneval ist und das höchste Glück im süßen Nirwana, in der gänzlichen Vernichtung des Daseins besteht. Wir fragen wieder: welches ist die moderne Philosophie, welche von der Scholastik verdrängt werden soll? Wenn man ehrlich sein will, muß man gestehen: wir haben gegenwärtig gar keine Philosophie, die sich nur einigermaßen allgemeiner Anerkennung erfreute. Seit 300 Jahren mühen sich in den verschiedenen Ländern die großartigsten Geister ab, um eine Philosophie zu schaffen; sie haben alles daran gegeben und alle überkommene Wahrheit geopfert, es ist ihnen aber nicht gelungen. Man hat bis in die neueste Zeit geglaubt, dieses Chaos von widersprechenden Systemen müsse endlich die wahre Philosophie gebären; es sei nur ein

Läuterungsprozeß, den die Philosophie durchzumachen habe, um verjüngt aus demselben hervorzugehen. Nunmehr gestehen aber die begeistertsten Anhänger der heutigen Wissenschaft offen ein, daß die moderne Philosophie vollständig Fiasko gemacht habe; sie gestehen ein, daß die Aufgabe überhaupt nicht zu lösen sei und daß man sich deshalb mit einem früheren System begnügen müsse. „Auf Kant zurück", rufen die Einen; „beim großen Königsberger Philosophen nehme man den philosophischen Faden wieder auf und spinne ihn in anderer Form weiter." Die Anderen wollen noch weiter zurück, sie wollen bei Aristoteles wieder in die Schule gehen und auf seinem Boden die Philosophie der Zukunft aufbauen.

Manche geben das zu, glauben aber, daß die neuere Philosophie trotz all ihrer Irrgänge eine Summe von philosophischen Wahrheiten herausgebracht habe, die den gemeinsamen Boden und Fond der Spekulation der Neuzeit bildet. Diesen Fond und „Gewinn des Forschens der Neuzeit" sollen wir anerkennen und verwerthen. Wir müssen leider auch diese Auffassung zerstören. Wir läugnen nicht, daß sich bei dem einen oder anderen Denker der Neuzeit manche Wahrheit findet, wir geben gern zu, daß mancher Punkt in der neueren Philosophie mehr betont und ausführlicher behandelt worden ist, als in der a'ten, wir räumen auch ein, daß in der Neuzeit manche Frage und manches Problem untersucht wurde, das die Scholastik gar nicht kannte: aber nie können wir zugeben, daß die moderne Philosophie in jenen Fragen und Punkten einig ist, die für die ganze Philosophie maßgebend und bestimmend sind. Die scholastischen Philosophen besitzen einen solchen Fond und ein solches Gemeingut von Wahrheiten. Trotz all' der Heftigkeit, mit der sie sich in untergeordneten Fragen befehden, ist ihnen ein großer Schatz von Wahrheiten gemeinsam; sie sind alle Peripatetiker und stehen auf demselben Boden. Nicht so die neueren Philosophen. Ueber Gott, den Menschengeist, die Seelenkräfte, das Denken und Wollen, über die Körperwelt und ihre Erscheinungen, über das Leben und dessen Funktionen denkt jeder anders und meistens in entgegengesetzter Weise. In dieser Beziehung haben wir keinen „Gewinn der Forschung der Neuzeit" anzuerkennen. Die modernen Systeme kommen nicht einmal in den ersten Anfängen und Keimen einer philosophischen Spekulation überein.

Es gibt allerdings eine Lehre, in der alle Richtungen der modernen Philosophie übereinkommen und zwar ist dies die Grundlehre derselben. Sie lautet: die alleinige Quelle der Wahrheit ist die menschliche Vernunft. Nach der neueren Philosophie ist die Vernunft oder die menschliche Erkenntnißkraft kein Mittel und Organ, um die objektive Wahrheit zu entdecken und das Gegebene der Seele zu vermitteln; der Menschengeist ist die Quelle der Wahrheit; er schafft und erzeugt die Wahrheit. Der Vater dieses Gedankens ist wohl Cartesius, aber seine eigentliche Entwicklung hat derselbe erst in der deutschen Identitätsphilosophie gefunden. Es haben wohl die Systeme gewechselt, aber dieser Grundgedanke ist allen gemeinsam geblieben. Fichte, Schelling, Hegel, Schopenhauer und Hartmann, sie alle stehen auf diesem Boden des Subjektivismus. Die katholischen Philosophen haben zwar die modernen Systeme nicht angenommen, aber den Grundgedanken haben manche als richtig acceptirt. Gerade in dem Satze, daß der Menschengeist die alleinige Quelle aller Wahrheit und Realität ist, erkennen diese katholischen Denker den großen Fortschritt, den die moderne Philosophie gemacht hat. Gerade durch die Statuirung dieses Princips soll nach ihrer Ansicht Cartesius den Dualismus von Gott und Welt, in welchem die mittelalterliche Spekulation befangen war, zu überwinden begonnen und sollen die nachfolgenden Philosophen ihn vollständig überwunden haben. „Während Aristoteles in zwei Jahrtausenden keine prinzipielle Fortbildung erfuhr, sehen wir von Deskartes aus eine lebenskräftige Bewegung anheben, die in scheinbarer Ueberstürzung in zwei Schritten den Dualismus ihres Urhebers hinter sich läßt, in Spinoza, das einzig berechtigte philosophische Prinzip, das monistische, klar andeutet und nach 1½ Jahrhunderten bereits durch den zweiten Spinoza, Schelling auch klar ausführt."[1]) Die Erneuerung der Scholastik würde diesen Boden der neuen Spekulation vernichten und abermals den unfruchtbaren Dualismus statuiren und alle philosophische Weiterbildung unmöglich machen. Von diesem Standpunkte aus darf es uns allerdings nicht wunder nehmen, wenn die Bestrebungen für die Repristination der alten Schule geradezu lächerlich erscheinen. „Die hin und wieder auftauchenden Versuche — namentlich in den jesuitischen und diesen geistesverwandten

---

[1]) Koch, d. c. W. p. 35.

Schriften, — die Scholastik zur Philosophie der Gegenwart zu machen, sind so ungeschickt angelegt, daß sie der philosophischen Welt nur lächerlich erscheinen und auf diese nicht die mindeste Zugkraft auszuüben vermögen. Denn die Forderung, jetzt noch zur Scholastik zurückzukehren, ist ganz identisch mit der anderen, den nutzlosen aber kampfreichen Weg bis zur Gegenwart herab wiederholt zu machen. Und wer sich jetzt im mittelalterlichen Philosophiren beruhigen kann und darin den Höhepunkt der menschlichen Weisheit erkennt, der begreift weder das moderne philosophische Denken in sich, noch sich im mittelalterlichen Denken. Dem universellen philosophischen Geiste gegenüber sind die frommen Gegenwünsche einzelner stets machtlos." [1]

Diesem Mangel an einem einzigen Prinzip schreiben diese katholischen Denker auch die übrigen Mängel zu, welche sie an der scholastischen Philosophie entdecken. Daher rühre es, daß die alte Spekulation nur ein formales Denken, ein rein begriffliches Denken kenne, aber kein Denken des Grundes und des Wesens der Dinge. Weil nicht abgeleitet aus dem Realgrunde alles Seins lassen die allgemeinen Begriffe der Scholastik „nur eine Demonstration zu, aber keine Deduktion, keine innere, sondern nur eine äußere Synthese. Sie können daher auch auf das Wirkliche, auf das empirisch Gegebene nur eine mehr äußere und formelle Anwendung finden und gewähren deshalb wohl eine Verständigung, aber doch nicht das eigentliche Verständniß der Sache aus den reellen Ursachen und im allgemeinen Zusammenhang. Um aber die wirkliche Welt, um die wirkliche Geschichte in diesem Zusammenhang zu erklären, gilt es die realen Ursachen und Faktoren, die im Gegenstande selbst wirken, vom höchsten Prinzip, von der ersten Ursache aus zu erkennen." [2] Und weil die Scholastik zu einer „positiven Auffassung der Dinge von einem ersten Prinzip aus, zumal von einem, das in vollster Freiheit Ursache der Welt wäre", nicht vorgedrungen ist, darum ist sie im eigentlichen Sinne keine Philosophie. Die wahre christliche Philosophie ist darum erst zu schaffen und sie ist zu schaffen auf dem Boden der neuen Philosophie, namentlich auf dem Boden der Schelling'schen Spekulation. Als ein „höchst respektabler und meisterhaft durchgeführter Versuch" dieser Art ist die

---

[1] Koch b. c. W. p. 18.
[2] Strobl b. c. W. p. 217.

Philosophie des W. Rosenkranz anzusehen. Mag man von der modernen Philosophie alles über Bord werfen, ihr gemeinsames Fundament, ihr oberster Satz ist anzuerkennen. „Der Satz, daß der menschliche Geist alleinige Quelle wahrer menschlicher Erkenntniß sei, bildet noch heute die Grundlehre des Idealismus, in dem allein die Philosophie sich vollenden kann."[1]) Sollte die neuere Forschung keinen anderen Gewinn gebracht haben, dieser Fundamentalsatz ist Gewinn genug; er reicht aus, um die Philosophie der Zukunft darauf zu bauen.

So verführerisch das klingt, so können wir doch nicht umhin, den Fundamentalsatz der neueren Philosophie für den verderblichsten Irrthum zu erklären, der sich denken läßt. Bekanntlich hat Kant zuerst dieses idealistische Prinzip klar formulirt, wenn er in der Vorrede zu seiner Kritik der reinen Vernunft schreibt: „Bisher nahm man an, alle unsere Erkenntniß müsse sich nach den Gegenständen richten.... Man versuche es daher einmal, ob wir nicht in den Aufgaben der Metaphysik besser fortkommen, daß wir annehmen, die Gegenstände müssen sich nach unserer Erkenntniß richten, welches so schon besser mit der verlangten Möglichkeit einer Erkenntniß a priori zusammenstimmt, die über Gegenstände, ehe sie uns gegeben werden, etwas festsetzen soll."[2]) Aber wenn die Dinge sich nach unserem Denken richten müssen, dann empfangen wir die Wahrheit nicht von den Dingen, sondern wir theilen den Dingen die Wahrheit zu; die Dinge sind das, was wir aus ihnen machen. Es ist nur ein weiterer Schritt, wenn diese Philosophie erklärt, daß das Denken die Dinge hervorbringt und setzt, und daß Denken und Sein identisch ist. Läßt sich aber eine stärkere Vergötterung der menschlichen Vernunft denken? Sie wird dadurch zur höchsten und letzten Quelle der Wahrheit, die aus sich alle Wahrheit schöpft. Selbstverständlich kann es für ein solches schöpferisches Denken keine Schranken geben; es fordert absolute Freiheit; daher hören wir auch von den neuesten Verfechtern dieses Prinzips wiederum die Forderung absoluter Denkfreiheit. Wir brauchen nicht weiter auszuführen, daß gerade aus diesem pantheistischen Prinzip all das Unheil der modernen Wissenschaft, namentlich der deutschen, sich herleitet. Wenn der Menschengeist

---

[1]) Koch, b. c. W. p. 20. Vgl. ibid. p. 157 u. a. O.
[2]) 2. Aufl. p. 18.

die alleinige Quelle der Wahrheit ist, dann ist er auch die alleinige Quelle für Moral, Recht und Gesetz. Wahr, gut und recht ist etwas nur deshalb, weil es der Mensch so denkt; objektive Gründe sind nicht maßgebend. Auf dem Boden dieses Subjektivismus ist jene Philosophie entwachsen, die keine unabänderliche und bleibende Wahrheit anerkennt, sondern die Wahrheit in einem steten Fluß und Werden begriffen sein läßt. Jede neue Wahrheit ist nur dazu da, daß sie von der folgenden aufgehoben und als Irrthum erklärt wird. Welch eine Begriffsverwirrung bei solcher philosophischer Methode eintreten muß, haben wir leider auf allen Gebieten nur zu sehr empfunden und müssen leider noch immer unter dieser babylonischen Gedankenverwirrung leiden. Wie sehr dieser Subjektivismus auch in die kirchliche Wissenschaft eingedrungen ist und wie viel Uebles er dort angerichtet hat, ist sattsam bekannt, so daß wir darüber hinweggehen können. Nur darüber müssen wir uns abermals wundern, wie es noch immer katholische Gelehrte geben kann, die auf solchem Boden die christliche Philosophie aufbauen wollen.[1]

Soll es zu einer gesunden Philosophie kommen, so ist vor Allem das Fundament der modernen Philosophie vollständig auszumerzen, daß die Wahrheit und Wirklichkeit ein Produkt des menschlichen Geistes sei. Der menschliche Verstand ist nicht die Quelle der Wahrheit, sondern nur ein Mittel und Instrument, um die schon vorhandene Wahrheit zu entdecken; er ist das geistige Auge, das durch sein Sehen die Dinge nicht setzt, sondern die zuvor vorhandenen Dinge nur wahrnimmt. Quelle der Wahrheit ist nur Gott. Von ihm strömt die Wahrheit aus in das nach seinen Ideen geschaffene Universum. Weil die Dinge verwirklichte Ideen Gottes sind, darum vermag der Menschengeist, der Gottes Geist ähnlich ist, die Gedanken Gottes aus den Dingen herauszudenken. Auf diese Weise gehen die Ideen der Dinge in den Menschengeist über und derselbe erlangt dadurch die Wahrheit und wird selber wahr. Die Dinge haben sich deßhalb nicht nach dem

---

[1] Sehr treffend zeichnet Dr. M. Gloßner diesen Fundamentalirrthum der neueren Philosophie in der Schrift: Das objektive Prinzip der aristotelisch-scholastischen Philosophie, besonders Albert des Großen Lehre vom objektiven Ursprung der intellektuellen Erkenntniß, verglichen mit dem subjektiven Prinzip der neueren Philosophie. Regensburg 1880.

menschlichen Denken zu richten, sondern umgekehrt, das Denken hat sich nach den Dingen zu richten. Darin liegt die Größe des menschlichen Denkens, daß es das Universum nachdenkt und nacherzeugt, die wirkliche Welt in sich ideal wieder herstellt. In dieser Beziehung sagt Trendelenburg ganz richtig: „Wenn das göttliche Denken schafft, so verhält sich das menschliche nur nachschaffend. Als nachschaffend, setzt es das Sein voraus und die Wahrnehmung desselben, und es bleibt leer und unfruchtbar, wenn es nicht von der Anschauung empfängt." [1]) Zu sagen, daß sich die Dinge nach unserem Intellekt zu richten haben, heißt deßhalb das menschliche Erkennen zum göttlichen machen; es heißt die Wahrheit in ihrer Quelle trüben und den Erkenntnißproceß schmählich corrumpiren. Nur nach dem göttlichen Intellekt haben sich die Dinge zu richten; nur das göttliche Denken verursacht und schafft die Dinge und ist das Maß für ihre Wahrheit. Mit der ihm eigenen Einfachheit drückt der Aquinate diese Fundamentallehre in den wenigen Worten aus: Intellectus speculativus, quia accipit a rebus, est quodammodo motus ab ipsis rebus, et ita res mensurant ipsum. Ex quo patet, quod res naturales, ex quibus intellectus noster scientiam accipit, mensurant intellectum nostrum, sed sunt mensuratae ab intellectu divino, in quo sunt omnia creata, sicut omnia artificiata in intellectu artificis.[2])

Diese wahre Auffassung von der menschlichen Erkenntnißkraft ist an die Stelle des Grundirrthums der modernen Philosophie zu setzen, und nur dann, wenn das moderne Denken in seiner Wurzel geheilt wird, ist Hoffnung gegeben, daß eine Philosophie erstehe, die, bescheiden in ihren Schranken, der Wahrheit dient. Allerdings müssen wir mit der Anerkennung der alten Lehre von der Tragweite der menschlichen Erkenntnißkraft auf eine monistische Philosophie verzichten, auf eine Philosophie, die aus dem Menschengeiste alle Wahrheit ableiten will, und wir müssen wieder annehmen den alten Dualismus zwischen Gott und Welt, Geist und Natur. Keineswegs ist uns aber mit der Annahme dieses Dualismus die Möglichkeit abgeschnitten, die Dinge wesenhaft und nach ihrem Grunde zu erkennen. Die Erkennbarkeit und Wahrheit der Dinge

---

[1]) „Logische Untersuchungen", 2. Aufl. Bd. I. p. 99.
[2]) Quaest. Disput. de Verit. art. 2.

liegt darin, daß sie realisirte Gedanken Gottes, ein Aus= und Ab=
druck seiner Ideen sind. Da nun der menschliche Intellekt die
Gedanken Gottes aus den Dingen herauszulesen vermag, so ist
sein Denken der Dinge kein blos äußerliches und formelles, sondern
es ist ein Denken ihres Wesens und ihres letzten Grundes. Die
scholastischen Erkenntniß=Principien reichen demnach vollständig
aus, um ein wahres philosophisches Erkennen zu ermöglichen, ihre
Vertiefung im Sinne der neueren Philosophie ist um so entschiedener
abzulehnen, als sie nur auf Kosten der Wahrheit und gegen Ein=
tausch der größten Irrthümer geschehen könnte.

Dem Gesagten zufolge dürfen wir wiederholen, daß die Er=
neuerung der thomistischen Philosophie kein anderes System ver=
drängt, weil von all den stolzen philosophischen Gebilden der Neu=
zeit keines Stand halten konnte. Von allen ist nur der gemein=
same Boden übrig geblieben, auf dem immer wieder neue Anläufe
zur Gewinnung einer Philosophie gemacht werden. Aber gerade dieser
Boden ist vor Allem zu verlassen, wenn nicht wieder Phantasie=
und Luftgebilde, statt solider Bauwerke entstehen sollen. Wenn
aber die moderne Philosophie die an sie gestellten Fragen nicht zur
Zufriedenheit zu beantworten vermochte, so steht die heutige Philo=
sophie im großen Ganzen keinen andern Fragen gegenüber, als
die mittelalterliche Philosophie und überhaupt jede Philosophie.
Seit mehr als viertausend Jahren ringt die Menschheit nach Wahr=
heit; das Menschenherz möchte Aufschluß haben über die ent=
scheidenden Fragen seines Daseins; es möchte den Schleier weg=
gezogen wissen, der über das Menschenwesen, die Natur und Gott
Dunkel verbreitet. Die heidnische Weisheit hat Antwort gegeben
auf diese Fragen, aber die Menschen haben sich damit nicht zu=
frieden gegeben. Die durch das Glaubenslicht gestärkte Vernunft
hat abermals Antwort gegeben, und das Menschenherz war Jahr=
hunderte durch die Antwort zufrieden gestellt. Das von Skepticis=
mus angekränkelte Herz der Neuzeit glaubte sich mit der Antwort
nicht beruhigen zu dürfen und es hat die alten Fragen wiederum
gestellt, um endlich endgültige Lösung zu erhalten. Die mündig
und autonom gewordene Vernunft verhieß die Lösung aller Räthsel
und die Aufhellung aller Mysterien. Die Menschheit jubelte laut
und warf sich dieser neuen Weisheit in die Arme. Um so bitterer
war ihre Enttäuschung, als sie statt Wahrheit nur Schein, statt
Lösung der Fragen neues Dunkel erhielt. Höhnend wendete sie

sich von der Philosophie ab, die unfähig ist, im Reiche der Wahrheit auch nur das Mindeste zu verbürgen; sie wendete sich an die Naturwissenschaft, die auf allen Gebieten unerhörte Erfolge aufzuweisen hatte und alle Geheimnisse auf exaktem Wege zu enthüllen vorgab. Abermals und noch bitterer getäuscht kommt die Menschheit wieder zur Philosophie zurück und stellt ungestümmer als je die ewig alten und ewig jungen Fragen um das Woher und das Wohin.

Wenn derartig der gegenwärtige Stand der Philosophie ist, scheint es dann nicht angezeigt, wieder die philosophische Tradition aufzusuchen und Umschau zu halten, wie die großen Denker der Vergangenheit die Fragen gelöst haben, an deren Lösung die gegenwärtigen Denker verzweifeln? Der Mensch hat von Gott die Kraft erhalten, die Wahrheit zu erkennen, und er gebraucht diese Kraft seit Jahrtausenden. Wie, sollte er seit Jahrtausenden nichts erkannt haben? Das glaubt sicher keiner; er müßte denn ein vollendeter Skeptiker sein und an der Wahrheit selber verzweifeln. Wir glauben sogar, daß die Philosophie mehr als die anderen Wissenschaften an die Tradition gewiesen ist. In den anderen Wissenschaften, wie z. B. in den Naturwissenschaften, ist der Fortschritt ein mehr continuirlicher und stetiger; auch die geistig ärmste Zeit fügt dem vorhandenen Wissen etwas Neues hinzu. Anders ist es in der Philosophie; hier kommt es weniger auf Detailkenntnisse und auf ein umfangreiches Erfahrungswissen an, als vielmehr auf die Schärfe und Kraft des spekulirenden Geistes. Hier vermag ein einzelner Geist oft weit über seine Zeitgenossen hinauszuragen und Jahrhunderten voranzueilen, wenn sein scharfer Geist so tief die Natur der Dinge ergründet, daß seine Anschauungen noch nach Jahrtausenden gelten, ja unveränderlich und ewig dauern, weil er das Unveränderliche und Ewige in den Dingen geschaut. Während die physikalischen und chemischen Lehren solcher Säkularmenschen längst veraltet sind und vielleicht belächelt werden, bleiben ihre metaphysischen Gedanken immer jung und regen die kommenden Geister zu neuen Forschungen an. Wer wird läugnen, daß der Weise von Stagira ein solch einzig dastehender Geist gewesen, an dem die Philosophie nie vorübergehen darf? Wer wird läugnen, daß unter den großen mittelalterlichen Meistern der Aquinate in ähnlicher Weise hervorragt? Ist es nicht vernünftig, frage ich wieder, wenn Leo XIII. uns an diesen großen Helden der Wissenschaft orientiren heißt? Wir sind auf allen Gebieten historisch geworden. Rénan nennt unser Jahrhundert geradezu das „siècle historique". Mit größter Sorgfalt sammeln und hüten wir die Ueberreste der Kunst der früheren Jahrhunderte, mit gleicher Emsigkeit suchen wir nach ihren Urkunden und Papieren. Ist es nicht zeitgemäß, wenn wir auch in der Philosophie historisch werden und wieder anfangen, die Schriften unserer großen classischen Philosophen und Theologen zu studiren, besonders die Schriften des englischen Lehrers, aus denen die größten Geister Jahrhunderte hindurch, wie wir gesehen haben, Erleuchtung für den Verstand, Erbauung für das Herz und Begeisterung zu einem heiligmäßigen Leben geschöpft haben?

Ein solches Zurückgehen auf die mittelalterliche Philosophie heißt aber allen philosophischen Fortschritt unmöglich machen; es heißt die Philosophie der Autorität des hl. Thomas unterwerfen.[1]) Wenn man unter Fortschritt ein nagelneues System versteht, das jeder Philosoph auszubenken hat, dann geben wir zu, daß eine Erneuerung der thomistischen Philosophie den Fortschritt in der Spekulation unmöglich macht. Aber wir glauben, daß ein solcher Fortschritt gar kein Fortschritt ist. Oder wie sollte die Philosophie Fortschritte machen, wenn sie immer von Neuem anfangen muß und an der vorhandenen Wahrheit nicht festhalten darf? Die Philosophie hat doch wohl auch die Aufgabe, zu bleibenden Wahrheiten zu kommen? Wenn man in den anderen Wissenschaften und in der Kunst einem solchen Grundsatz gehuldigt hätte, so wären dieselben nie zur Weiterbildung und Vervollkommnung gelangt. Wenn jeder Künstler es sich zur Aufgabe setzte, die Werke der Vorzeit zu vernichten und in der Kunst von vorn anzufangen, so würde die Kunst in Ewigkeit aus den Kinderschuhen nicht herauskommen. Der wahre Fortschritt in der Philosophie kann nur darin bestehen, daß wir, statt täglich unsere Ansichten und Systeme zu ändern, auf den errungenen Wahrheiten von Jahrtausenden weiterbauen und so die Philosophie vervollkommnen und weiterbilden. Man kann dagegen nicht einwerfen, daß die philosophische Kritik die mittelalterliche Philosophie als falsch dargethan habe

---

[1]) „Die neueste Encyclika des Papstes versucht die Philosophie der Autorität des Scholastikers Thomas v. Aquino unterzuordnen." Zöllner, „Wissenschaftl. Abhandlungen". Bd. III. Vorrede p. 44.

und daß sie deshalb einer Erneuerung nicht fähig sei. So gern man diesen Einwurf vorbringt, so ist er vollends unbegründet. Man hat die Lehre des hl. Thomas nicht deswegen aufgegeben, weil sie sich als falsch herausgestellt, nein sie wurde ohne alle Prüfung und Kritik aufgegeben. Hätte man sie geprüft, dann hätte man sie nicht verworfen, aber der Protestantismus und der rationalistische Geist der Neuzeit durfte sie nicht prüfen. Er hat Berge von Lügen und Vorurtheilen auf sie gehäuft, um sie aus der Welt zu schaffen, oder besser, um sie unsichtbar zu machen; er mußte dies thun, sonst hätte er seine falsche Philosophie nicht etabliren können.

Daß eine Repristination der thomistischen Doktrin keinen philosophischen Rückschritt bedeutet, beweist auch die Erfahrung. Alle jene, welche seit dem 13. Jahrhundert den Pfaden des doctor angelicus folgen, begnügen sich nicht, lediglich die Lehren des Meisters nachzuschreiben und nachzubeten. Sie haben die Gedanken desselben in großartiger Weise erweitert und fortgebildet, mitunter auch verändert und aufgegeben, wenn sich dieselben nicht bewährten. Sie sind keiner Zeitfrage, keinem wissenschaftlichen Bedürfniß aus dem Weg gegangen und haben keine Errungenschaft und keine neue Wahrheit unbenützt gelassen. Man vergleiche doch die Summa des Toletus oder Suarez mit der des Aquinaten und man wird sich handgreiflich überzeugen, wie sehr die Summa theologica des hl. Thomas gewachsen ist. Wenn deshalb Leo XIII. eine Wiederaufnahme der thomistischen Philosophie in die katholischen Schulen will, so geht seine Ansicht nicht dahin, daß wir zu dem Thomas des 13. Jahrhunderts zurückkehren sollen, sondern daß wir all' das in unsere Spekulation aufnehmen, was seit dem 13. Jahrh. auf dem Boden der thomistischen Doctrin geleistet worden ist. Der englische Lehrer hat die Grundlinien der christlichen Spekulation gezogen und den Grundplan zum Theil ausgeführt. Die folgenden Jahrhunderte haben daran weiter gearbeitet und die kommenden sollen es ebenfalls thun. Kurz gesagt: Leo XIII. will, daß wir die philosophische Spekulation nicht beim 13. Jahrhundert beginnen, sondern daß wir dort den Faden wieder anknüpfen, wo ihn unsere Vorfahren im vorigen Jahrhundert abgeschnitten haben. Und diese Anknüpfung soll in der Weise geschehen, daß wir alle Wahrheit, welche seitdem die Philosophie oder eine andere Wissenschaft herausgebracht hat, dem ererbten Schatze hinzufügen und ihn so be=

reichern. Und nicht blos das; wir sollen es wiederum so machen, wie die früheren Anhänger der thomistischen Philosophie. Wir sollen auf Grund dieser Philosophie die neu aufgetauchten Fragen diskutiren und zu lösen suchen und neue Probleme und Fragen aufwerfen. Das System des hl. Thomas ist außerordentlich weit und großartig angelegt, wie wir oben dargethan. Es bietet Raum für alle möglichen individuellen Gestaltungen der Wahrheit; Raum für ganz neue philosophische Disciplinen, von denen sich im englischen Lehrer kaum die Keime nachweisen lassen. Leo XIII. drückt diese Universalität in seiner Encyklika mit den schönen Worten aus: Illud etiam accedit, quod philosophicas conclusiones angelicus Doctor speculatus est in rerum rationibus et principiis, quae quam latissime patent, et infinitarum fere veritatum semina suo velut gremio concludunt, a posterioribus magistris opportuno tempore et uberrimo cum fructu aperienda. Auf solche Weise wird die christliche Philosophie der Zukunft in ungeheuerer Weite einen ungeheueren Reichthum von Wahrheit bergen. Ohne ein Jota von der errungenen Wahrheit der Vergangenheit aufzugeben, muß sie alle Schätze der Gegenwart aufnehmen und neue Aufgaben für die weitere Forschung anbahnen. Und dabei wird sie gleichwohl thomistisch sein und bleiben. In diesem Sinne will der hl. Vater eine Restauration der thomistischen Philosophie und darum ist seine Encyclika kein Werk des Rückschrittes, sondern ein Werk des Fortschrittes im eminentesten Sinne des Wortes.

Wir können diese Gedanken nicht niederschreiben, ohne damit das Hauptbedürfniß der gegenwärtigen Wissenschaft zu berühren. Der Charakter der modernen Wissenschaft ist ein kritischer. Damit ist auch ihre Methode gegeben; die moderne Wissenschaft geht analytisch zu Werke. Sie untersucht, zerlegt, löst auf. Auf diesem Wege hat sie viel wissenschaftliches Material aufgehäuft, viele einzelne Funde gemacht. Das gilt auch von der Philosophie; sie hat auf ihrem breihundertjährigen Irrwege viele Goldkörner von Wahrheit gefunden. Dies ist namentlich von der empirischen Philosophie wahr, die nach dem Mißlingen der Identitätsphilosophie die Oberhand gewonnen hat. Aber diese Wahrheiten liegen wie zerstreute Ueberreste von zusammengebrochenen Bauwerken unverbunden und ungeordnet umher. Und was sollen wir erst von den Errungenschaften der modernen Naturforschung sagen? Dieselben machen mit Recht den Stolz und die Größe unseres Jahrhunderts aus, so groß ist die Masse des wissenschaftlichen Materials, das hier aufgeschichtet liegt. Aber dieses Material ist ebenfalls vielfach ungesichtet und ungeordnet, und manches droht ob der Fülle und ob der widersprechenden Hypothesen wieder verloren zu gehen. Die Naturwissenschaft fühlt das und darum sucht sie Anknüpfungspunkte mit der Philosophie, um mittelst derselben die Schätze der Naturforschung in ein System zu bringen und eine großartige naturwissenschaftliche Weltauffassung zu ermöglichen. Bekanntlich hält man seit den zwei letzten Jahrzehnten die Philosophie des Kant für geeignet, die moderne Erfahrungswissenschaft mit der Philosophie zu vereinigen. Neuestens empfehlen jedoch gewiegte Denker[1]) ein Zurückgehen auf die früheren englischen Philosophen, um Empirie und Spekulation zu versöhnen. Doch sei dem, wie ihm wolle, soviel steht fest, daß die Gegenwart das größte Bedürfniß fühlt, die Unsumme von chemischen, physiologischen, gäologischen, physikalischen und anderen positiven Erfahrungswahrheiten in einer höheren Einheit zu verbinden. Die vorausgehenden Decennien haben analysirt, experimentirt, gezählt und beschrieben; es muß nun eine Zeit kommen, die in Einheit bringt, zusammenfaßt und systematisirt; kurz, unsere gegenwärtige Wissenschaft ringt nach einer großartigen Synthese, nach einer encyclopädischen Wissenschaft.

Dieses Bedürfniß vermag aber weder Kant noch Locke oder Hume zu befriedigen. Das Ungenügende des Kant'schen Kriticismus zeigt sich bereits; noch schneller dürfte sich die Unbrauchbarkeit der englischen Empiriker herausstellen. Dieser wissenschaftlichen Aufgabe ist nur die alte Philosophie gewachsen; sie allein vermag dieser unerschöpflichen und unermeßlichen Vielheit die Einheit zu geben. Sie vermag es, weil ihr System so weit und großartig angelegt ist, daß alle natürliche und übernatürliche Wahrheit darin Platz hat; sie vermag es, weil sie nicht einseitig nur der Analyse oder Synthese huldigt, sondern jede Methode in ihrem Bereiche zu Recht kommen läßt. Sie vermag ganz besonders deswegen die Erfahrung und die Idee miteinander zu versöhnen, weil ihre Spekulation von der Erfahrung ausgeht und auf ihr sich aufbaut.

---

[1]) Hieher gehört das zweibändige Werk von H. Wolff „Spekulation und Philosophie" Berlin 1878. Vgl. „Zeitschrift für Philosophie und philosophische Kritik" Bd. 77 p. 1 ff. „Kantischer Kriticismus und englische Philosophie."

Aus diesem Grunde konnte sie sich schon zweimal zu einer solchen allumfassenden Synthese hergeben, zur Zeit des Aristoteles und zur Zeit des hl. Thomas. Die lediglich kritisch zu Werke gehende Wissenschaft konnte zerstören, aber nicht bauen, ähnlich wie der aus ihr hervorgehende und von ihr getragene Liberalismus nur zersetzend, aber nicht organisirend wirken konnte. Auf den Ruinen des modernen Wissens vermag nur die Kirche mittelst ihrer alt= bewährten Philosophie eine großartige wissenschaftliche Weltauffassung zu begründen.

Diese Zeitgemäßheit der thomistischen Philosophie würde noch mehr einleuchten, wenn wir sie an einzelnen Lehren nachweisen könnten. Gestehen ja selbst viele Nichtthomisten unserer Tage offen ein, daß manche Theile der Philosophie des hl. Thomas geradezu mustergültig und unwiderleglich gearbeitet seien. Jourdain z. B. hält dafür, daß der gegenwärtige Pantheismus durch keine besseren Gründe widerlegt und die Persönlichkeit und Individualität der Seele nicht unwiderleglicher vertheidigt werden könne, als dies der englische Lehrer dem psychologischen Pantheismus des Averroës gegenüber gethan. Derselbe erklärt ferner, daß Thomas in seiner Lehre von den Passionen sich als solcher Kenner des menschlichen Herzens bewiesen habe, wie es weder Cartesius noch Leibniz noch ein anderer großer Philosoph unserer Tage ist. Wenn wir aber auch die Brauchbarkeit der thomistischen Lehren nicht im Einzelnen verfolgen können, so dürfen wir doch einen Punkt nicht übergehen, weil der= selbe gerade in unseren Tagen der alten Schule zum großen Vor= wurf gemacht wird. Seit der Verkündigung der Encyclika Aeterni Patris hören wir wieder die stärksten Klagen über die Trockenheit und Dürre der scholastischen Methode, die durch ihren Formel= kram und durch ihre unverständliche Terminologie zu der Schreib= weise unserer Tage im stärksten Gegensatz stehe. Es sind dieselben Vorwürfe, welche Jourdain bereits erhoben hat,[1] der glaubt, daß die Scholastik zum großen Theil ihrer Methode den Untergang verdankt. Diese starre und strenge syllogistische Methode, die nichts als Obersatz und Untersatz und ein Labyrinth von Distinktionen kennt, die sich nur an den Verstand wendet und dem Herzen gar nichts bietet, die nicht die Sprache des Volkes redet, sondern eine eigene, fremde Ausdrucksweise sich geschaffen hat: diese Methode

---

[1] D. c. W. II. p. 306 ff.

wird nie mehr über unsere populäre, brillante und rhetorische Schreibweise siegen. Jourdain ist jedoch so gerecht, um zuzugestehen, daß diese Methode für die mittelalterlichen wissenschaftlichen Verhältnisse ihre Berechtigung, ja sogar ihre Nothwendigkeit besessen habe. Die ideale Ordnung war zu Anfang des 13. Jahrhunderts in geradezu babylonischer Verwirrung. Der reiche Schatz der christlichen Wissenschaft war nicht gesichtet und von dem Verfänglichen gereinigt; das Hereinfluthen des Arabismus stellte alle höhere Wahrheit in Frage; Pantheismus und Indifferentismus wetteiferten mit allen möglichen Sekten und mystischen Richtungen. Um in solcher Verdunkelung und Verwirrung der Geister das Wahre vom Falschen zu scheiden, den Irrthum unter der schillernden Form zu entdecken und ihn bis in den verborgensten Schlupfwinkel zu verfolgen, war eine strenge Methode nöthig, eine Methode, die von der Sache alles Fremdartige und Unzugehörige scheidet und den Gegenstand auf einfache, ich möchte sagen, auf mathematische Formen zurückführt und dadurch einen sicheren Gang für die Wahrheit garantirt. Man denke sich eine weniger strenge, aber mehr glänzende Methode, schreibt Jourdain, und die Confusion in den Ansichten wäre continuirlich geworden; bei der Dunkelheit der Begriffe und Unbestimmtheit der Terminologie hätten sich die Irrthümer nie verloren: alles wäre unsicher und schwankend geblieben, die Geister wie die Charaktere. Das Christenthum hätte sich nicht so fest begründen können und die Welt hätte nicht die wundervollen Schöpfungen zu schauen bekommen, die der Glaube, streng definirt und entwickelt, hervorbrachte.

Man muß sich wundern, daß Jourdain nicht merkt, wie er durch solche Gedanken seine eigenen Vorwürfe über die Unzeitgemäßheit der alten Methode vollständig widerlegt. Wenn aus den angegebenen Gründen diese Methode im Mittelalter nothwendig war, dann ist sie es heute noch viel mehr, denn die Verwirrung und Unsicherheit auf dem wissenschaftlichen Gebiete ist gegenwärtig viel größer, als dazumal. Oder kann man sich eine größere Verwirrung, Unklarheit und Verschwommenheit der Begriffe denken, als sie unsere deutsche Philosophie erzeugt hat? Jourdain fühlt dies selber und darum will er der thomistischen Methode auch für unsere Zeit eine gewisse Berechtigung zuerkennen. Er gesteht, daß die moderne Methode den Gedanken und die Wahrheit gar oft der äußeren Form und dem rhetorischen Style geopfert und die Gewohnheit erzeugt hat, über alle möglichen Dinge endgiltig abzusprechen und zu urtheilen, obwohl man dieselben kaum oberflächlich kennt. Er will eine Methode mit präcisen Begriffen und streng definirten Terminen, welche unbarmherzig alles Ueberflüssige, Dunkle und Vage abschneidet und unser Denken wieder an eine unveränderliche Ordnung bindet. Wenn aber Jourdain eine solche Methode als Heilmittel für unsere Wissenschaft fordert, dann fordert er keine andere, als die thomistische, denn die von ihm aufgeführten Eigenschaften finden sich alle in der aristotelisch-scholastischen Methode. Uebrigens ist Jourdain nicht der einzige, der sich zu solchen Geständnissen genöthigt sieht. Trendelenburg, gewiß ein unverdächtiger Zeuge, macht die Bemerkung: „Uebrigens könnte eine solche scholastische Palästra des Syllogismus unserer heutigen Philosophie nicht schaden. Wiewohl sie vornehm meint, darüber hinaus zu sein, würde sie sich mancher ihrer Schlüsse schämen, wenn diese, in die nackte Form des Syllogismus gefaßt, ihre verkleidete Schwäche eingestehen müßten." [1]) Aehnlich äußern dieses Bedürfniß Stuart Mill und Ueberweg.[2]) Wenn nun solche Männer eine Methode verlangen, die im Wesentlichen die Eigenschaften der thomistischen theilt, wie will man dann die Zeitgemäßheit der letzteren läugnen? Es ist in der That Zeit, daß man aus unserer Methode die Popularisationssucht verbannt, die soviel Oberflächlichkeit und halbes Wissen erzeugt hat. Die Wissenschaft ist nicht für den gemeinen Mann, sie braucht darum auch nicht die Sprache des Volkes zu reden. Ebensowenig hat es die Wissenschaft und am allerwenigsten die Philosophie mit dem Herzen zu thun; in ihr handelt es sich allein um die Wahrheit und nicht um die Rührung und Bewegung des Herzens. Phrasen, Schlagwörter, Bilder, Gleichnisse und rhetorischer Schwung können dort nur schaden, wo es sich lediglich um Vernunfteinsicht und sichere Erkenntniß der Wahrheit handelt.

2. Für die Theologie.

Leo XIII. führt im Eingange seiner denkwürdigen Encyclika die vielen Vortheile auf, welche die Philosophie dem Glauben gewährt, indem er die schönen Worte des hl. Augustin erklärt, der die Philosophie als jene Wissenschaft bezeichnet, quo fides salu-

---

[1]) Erläuterungen zu den Elementen der aristotelischen Logik. 2. Aufl. p. 70.
[2]) System der Logik. Bonn 1874, p. 371.

berrima … gignitur, nutritur, defenditur, roboratur. Die Philosophie beseitigt nicht blos die Hindernisse für die Annahme des Glaubens, sondern gewährt auch jene Wahrheiten, welche der Glaube zur Voraussetzung hat — praeambula fidei. Sie thut noch mehr; indem sie die Offenbarungsthatsache wissenschaftlich begründet und die Beweggründe für die Glaubwürdigkeit der katholischen Wahrheit (motiva credibilitatis) darthut, treibt und zwingt sie gewissermaßen den Verstand zum Glaubensgehorsam — obsequium fidei. Noch größer wird der Nutzen der Philosophie, wenn der Glaube zur Wissenschaft, d. h. zur Theologie werden soll. Allerdings vermag die Vernunft nie und nimmer die Mysterien des Glaubens zur Vernunfteinsicht zu erheben, aber sie vermag die Glaubenslehren systematisch zu gestalten und ihren unermeßlichen Inhalt einigermaßen dem Verständniß zugänglich zu machen. Die Philosophie geht von allen natürlichen Wissenschaften am tiefsten; sie hat auch von allen den weitesten Umfang, denn sie studirt Gott, den Menschen und die Welt und erkennt diese drei Objekte in ihren letzten Gründen und in ihren höchsten Beziehungen, in denen sie miteinander verknüpft sind. Auf diese Weise ist sie geeignet, Zeit und Ewigkeit, Natur und Gnade, den menschlichen und göttlichen Gedanken mit einander zu verknüpfen. Fidei enim, sagt Leo XIII, et rationis parens atque auctor Deus sic utramque temperavit, ut societate et quadam cognatione inter se continerentur.[1])

Aus diesem Grunde haben schon die ersten Glaubensboten, wie wir gesehen, und die Väter der Kirche von der Philosophie einen großen und vielseitigen Gebrauch gemacht. Noch mehr thaten dies die späteren Lehrer. Dieser Verbindung der Philosophie mit dem Glauben verdankt ja die scholastische Theologie ihren Ursprung. Und wenn dieselbe im 13. Jahrhundert ihre Blüthe erlebte, so geschah es darum, weil die großen Geister dieses Jahrhunderts es am besten verstanden, Philosophie und Glaube in Harmonie zu bringen. Wie die scholastische Philosophie, so hat auch die scholastische Theologie und ganz besonders in der Form, wie sie der englische Lehrer in seiner Summa theologica ausgebildet hat, in allen Schulen Jahrhunderte lang geherrscht. Was wir von der Herrschaft der thomistischen Philosophie gesagt haben, das gilt noch

---

[1]) In seiner Ansprache an die Gelehrten der kath. Welt v. 7. März 1880.

mehr von der Theologie des Aquinaten. Und diese Theologie blieb nicht blos in der Schule, sie drang hinaus in das Leben, sie wurde gepredigt, sie bildete die Grundlage der ascetischen Bücher. Und nicht nur das; die kirchliche Lehre steht ihr nicht fremd gegenüber. Im Gegentheil, sie ist mit ihr enge verwachsen; sie hat sich mittelst und an dieser Theologie entwickelt, viele ihrer Lehren sind im Laufe der Jahrhunderte Dogmen geworden. Wie die scholastischen Theologen großentheils Organe für die Definition des Dogma waren, so hat die Kirche auch die scholastische Terminologie bei der Abfassung der dogmatischen Lehre benützt. Man denke nur an das Concil von Trident, auf dessen Tisch wir neben der hl. Schrift die theologische Summa liegen sehen, und das die wichtigsten Dekrete von einem getreuen Schüler des hl. Thomas, von Dominikus Soto, redigiren läßt. Der auf Geheiß des Concils verfaßte Katechismus (Catechismus Concilii Tridentini) ist ebenfalls von drei Schülern des englischen Lehrers ausgearbeitet worden. Wieviel Lob die Päpste, Concilien und Synoden dieser Theologie gespendet, läßt sich nicht ausdrücken. Der hl. Vater führt in seinem Rundschreiben die Lobsprüche des Papstes Sixtus V. an, der es göttlicher Fügung zuschreibt, welche der Kirche durch die große Weisheit und tiefe Einsicht eines hl. Thomas und Bonaventura diese Theologie geschenkt habe, die eine unbezwingbare Vormauer des Glaubens bildet. Nur einen einzigen Passus aus dieser Lobeshymne auf die scholastische Theologie erlauben wir uns in folgenden Worten anzuführen: „Et hujus quidem tam salutaris scientiae cognitio et exercitatio, quae ab uberrimis divinarum Litterarum, summorum Pontificum, sanctorum Patrum et Conciliorum fontibus dimanat, semper certe maximum Ecclesiae adjumentum afferre potuit, sive ad scripturas ipsas vere et sane intelligendas et interpretandas, sive ad Patres securius et utilius perlegendos et explicandos, sive ad varios errores et haereses detegendas et refellendas: his vero novissimis diebus, quibus jam advenerunt tempora illa periculosa ab Apostolo descripta, et homines blasphemi, superbi, seductores proficiunt in pejus, errantes et alios in errorem mittentes, sane catholicae fidei dogmatibus confirmandis et haeresibus confutandis pernecessaria est."

Dieses große Ansehen und Lob, das die Kirche immer der scholastischen Theologie gezollt hat, muß aber auch der scholastischen

6

Philosophie gelten, denn gerade durch diese ist jene vielgepriesene Theologie ermöglicht worden. Es hat bis zur Stunde nicht an solchen gefehlt, welche im Hinblick auf das große Ansehen dieser Theologie in der Kirche zwischen der Theologie und Philosophie der Scholastiker unterscheiden zu müssen glaubten. Im Glauben und in der Ueberlieferung der kirchlichen Lehre seien die großen Lehrer des Mittelalters unversehrt vom Irrthum geblieben, aber ihre spekulative Entwicklung der Glaubenslehren sei falsch. Durch ihre Hingabe an die aristotelische Philosophie hätten sie über die Seele, Schöpfung, Natur und viele andere Punkte falsch gedacht. Erst jüngst hat Knoodt in seiner mit Geifer geschriebenen Broschüre über „Die Thomas=Encyclika Leo's XIII."[1] wieder behauptet, daß Thomas „in dem Wahne, die aristotelische Philosophie sei ganz unübertrefflich und wie keine andere geeignet, die christliche Glaubens= lehre zu einem wissenschaftlichen Systeme ausbilden zu können", Sensualismus, Pantheismus und Emanationslehre in die christliche Theologie eingeschmuggelt habe.

Nichts ist unrichtiger, als diese Distinktion zwischen scholastischer Theologie und Philosophie. Ist die Theologie des hl. Thomas die kirchliche, dann auch seine Philosophie. Wie schon öfter bemerkt, ist die Philosophie der Scholastiker ein wesentlicher Faktor ihrer theologischen Spekulation. Besteht ja gerade darin die scholastische Methode, daß sie mittelst der Philosophie das Dogma schärfer zu fixiren, seinen Inhalt zu entwickeln, an der natürlichen Wahrheit zu beleuchten und ihn soviel als möglich verständlich zu machen sucht. Wenn sie von der Vernunft und ihrer Kraft falsche An= sichten gehabt hätten, wie wäre es möglich gewesen, den Glauben rein zu erklären? Wenn sie mit falschen Begriffen an die Dogmen herangetreten wären, hätten nicht diese selber darunter leiden müssen? Noch mehr; die Päpste und Synoden haben nicht blos die theo= logischen Lehren gebilligt, sondern gerade jene spekulative Methode, jene Auffassung des Verhältnisses von Vernunft und Glaube; sie haben gerade in dieser philosophischen Behandlungsweise des Dogma das beste Mittel zur Widerlegung der Irrlehren, die beste Waffe zum Schutze des Glaubens gefunden.

Um nicht zu weit zurückzugehen, so hat Pius IX. dem Traditionalisten Bautain gegenüber erklärt, daß der hl. Thomas

---

[1] Bonn 1880. Vgl. p. 13, 17 u. 18.

und Bonaventura und die übrigen Scholastiker diese philosophische Methode „approbante vel saltem tacente Ecclesia" angewendet hätten. Noch entschiedener tritt derselbe große Papst in jenem Schreiben an den Erzbischof von München¹) für die scholastische Philosophie ein. Er klagt, „daß in Deutschland eine falsche Ansicht gegen die alte Schule und die Doktrin jener ausgezeichneten Lehrer überhandgenommen, die wegen ihrer bewundernswerthen Weisheit und Lebensheiligkeit die ganze Kirche verehrt". Der Papst erklärt geradezu, daß durch eine solche falsche Ansicht „die Auktorität der Kirche selbst gefährdet wird, welche nicht nur soviele Jahrhunderte nacheinander erlaubt hat, die theologische Wissenschaft nach der Methode jener Lehrer und nach den durch die gemeinsame Uebereinstimmung aller katholischen Schulen gutgeheißenen Principien zu pflegen, sondern auch sehr oft ihre theologische Doktrin mit höchsten Lobsprüchen hervorhob und als den stärksten Schild des Glaubens, als furchtbare Waffenrüstung gegen seine Feinde eifrig empfahl."

Doch was suchen wir lange in der Vergangenheit, da Leo XIII. in seiner Encyclika ausdrücklich erklärt, daß dieses Lob, womit die Päpste und Synoden die scholastische Theologie stets ausgezeichnet haben, auch der Philosophie gehört. Alle jene herrlichen Eigenschaften, welche die Theologie der Scholastiker so preiswürdig machen, wurzeln nämlich einzig und allein in dem rechten Gebrauch, den sie von der Philosophie gemacht haben. Nie würde ihre Theologie solche Bedeutung erlangt haben, wenn ihre Philosophie unvollkommen und mangelhaft gewesen wäre. Doch hören wir die eigenen Worte des obersten Lehrers: „Quae verba quamvis Theologiam scholasticam dumtaxat complecti videantur, tamen esse quoque de Philosophia ejusque laudibus accipienda perspicitur. Siquidem praeclarae dotes, quae Theologiam scholasticam hostibus veritatis faciunt tantopere formidolosam . . . . praeclarae, inquimus, et mirabiles istae dotes unice a recto usu repetendae sunt ejus philosophiae, quam magistri scholastici, data opera et sapienti consilio, in disputationibus etiam theologicis, passim usurpare consueverunt. . . . . . Profecto Theologia, in qua illi excelluerunt, non erat tantum honoris et commendationis ab opinione hominum adeptura, si mancam atque imperfectam aut levem philosophiam adhibuissent.

---
¹) Vom 23. Dzbr. 1863.

Wenn nun all das Ansehen und Lob, welches von allen katholischen Schulen, geistlichen Orden, Universitäten, Bischöfen, Synoden und Päpsten Jahrhunderte hindurch der Theologie des englischen Lehrers in so reichlichem Maße zu Theil geworden ist, auch auf seine Philosophie übertragen werden muß, so wird dadurch all das, was wir über das Ansehen der thomistischen Philosophie im vorigen Kapitel gesagt haben, ungemein verstärkt. Wenn wir in den Huldigungen, welche die Gelehrten von fast sechshundert Jahren der Philosophie des Engels der Schule gebracht haben, das stärkste menschliche Zeugniß erblickten, so haben wir in der innigen und unzertrennlichen Verbindung seiner Philosophie mit dieser allgemein als kirchlich anerkannten Theologie ein mehr als menschliches Zeugniß. Wohl sind nicht alle philosophischen Gedanken des heiligen Thomas in seine Theologie aufgenommen und dadurch mit den kirchlichen Lehrbestimmungen in Verbindung gekommen, aber die Principien seiner Philosophie oder jene philosophischen Wahrheiten, aus denen sich die anderen ableiten, sind Gemeingut der scholastischen oder kirchlichen Theologie geworden. Somit dürfen wir behaupten, daß in Folge des Bündnisses, welches Vernunft und Glauben in der scholastischen Theologie eingegangen haben, die kirchliche Auktorität auch für die Wahrheit der philosophischen Doktrin des doctor angelicus eintritt.

Wenn diese Philosophie sich Jahrhunderte hindurch zum größten Nutzen mit der Theologie verbunden hat, wer wird läugnen, daß dieselbe für die heutige Theologie nicht mehr geeignet sei? Wenn Sixtus V. die scholastische Theologie für seine Zeit nicht blos passend, sondern höchst nothwendig erklärte, weil damals der Glaube von vielen Irrthümern angegriffen war, und Wissensstolz und Pochen auf die eigene Ansicht herrschten; wer wird läugnen, daß solche Uebel in unseren Tagen in noch höherem Grade vorhanden? Die Zeitgemäßheit der Philosophie des englischen Lehrers für die theologischen Bedürfnisse der Gegenwart ergibt sich noch mehr, wenn wir uns den Ursprung der scholastischen Theologie ins Gedächtniß zurückrufen.

Als die aristotelische Philosophie bei den Arabern, Juden und Christen bekannt wurde, da stellte sich bei Arabern, Juden und Christen dasselbe wissenschaftliche Bedürfniß ein; es entstand die Frage, wie sich dieses großartige Vernunftsystem zu den religiösen Wahrheiten verhalte. Die Araber und Juden wußten diese Frage

nicht anders zu lösen, als indem sie entweder den Glauben der
Vernunft opferten, und das that die Mehrzahl ihrer Philosophen,
oder indem sie der Vernunft alles Recht auf religiösem Gebiete
absprachen. Umgekehrt gingen die mittelalterlichen Meister zu
Werke; sie verstanden es vortrefflich, Glauben und Wissen mit
einander in solche Harmonie zu bringen, daß weder der Glaube
noch die Vernunft beeinträchtigt, sondern die Interessen beider in
hohem Grade gefördert wurden. Leo XIII. beschreibt diesen
hl. Ehebund, welchen Thomas zwischen Natur und Gnade ver=
mittelte, mit den schönen Worten: Praeterea rationem, ut par
est, a fide apprime distinguens, utramque tamen amice con-
socians, utriusque tum jura conservavit, tum dignitati con-
suluit, ita quidem ut ratio ad humanum fastigium Thomae
pennis evecta, jam fere nequeat sublimius assurgere; neque
fides a ratione fere possit plura aut validiora adjumenta
praestolari, quam quae jam est per Thomam consecuta.

Seitdem Cartesius und die ihm folgende Spekulation dieses
Ehebündniß getrennt hat, begann der Kampf zwischen Glauben
und Vernunft, der sich soweit entwickelte, daß in unseren Tagen
beide als unvereinbare Gegensätze gelten. Glaube oder Philosophie,
aber nicht Glaube mit der Philosophie, so lautet das heutige wissen=
schaftliche Loosungswort.[1]) Wenn nun der Charakter der modernen
Philosophie in der ausgesprochenen Revolution gegen die göttliche
Offenbarung besteht, was braucht dann die heutige Theologie? Ge=
nügt es, daß sie lediglich positiv zu Werke geht und den Glauben
durch die Aussprüche der Schrift und Väter schützt, daß sie alle
Fortschritte der Bibelkritik und Archäologie fleißig verwerthet?
Sicher ist das alles nicht zu unterschätzen und von großem Werth,
aber die Hauptaufgabe wird darin bestehen, daß sich die Philosophie
mit der Theologie verbindet, und dadurch unsere Theologie wieder
möglichst apologetisch und philosophisch wird. Kurz gesagt, unserer
Zeit thut eine Theologie noth, wie wir sie beim hl. Thomas finden,
eine Theologie, in welcher natürliche und übernatürliche Ordnung,
Erde und Himmel, Vernünftiges und Uebervernünftiges, menschliche
und göttliche Vernunft, Wissenschaft und Tradition in einer wahren

---

[1]) „Die Zahl derer ist groß, welche die göttlich geoffenbarten Wahrheiten
gering achten oder gänzlich zurückweisen, weil sie dieselben mit den Behaupt=
ungen der menschlichen Wissenschaft und deren neueren Sätzen nicht vereinigen
zu können meinen." Leo XIII. in s. Ansprache v. 7. März 1880.

Einheit sich ausgleichen. Darum verlangt der hl. Vater, daß die Theologie vor Allem nach der strengwissenschaftlichen Weise der Scholastiker betrieben werde, auf daß durch die überlegene Kraft der Vernunft dem Glauben auf allen Gebieten des menschlichen Denkens und Handelns zum Siege verholfen werde — „omnino necesse est, gravi Scholasticorum more tractari (sc. Theologiam), ut, revelationis et rationis conjunctis in illa viribus, invictum fidei propugnaculum esse perseveret."

Ich weiß wohl, daß manche katholische Denker auch in unseren Tagen noch der Ansicht sind, es ließe sich auch die neuere Philosophie zum Dienste des Glaubens heranziehen, wenn man sie so bearbeitet, daß sie dem Glauben nicht mehr gefährlich ist. Sie meinen sogar, daß die modernen Angriffe gegen den Glauben nur durch die moderne Philosophie mit Erfolg bekämpft werden können. In dieser Beziehung schreibt W. Rosenkrantz:[1] „In der Theologie ist man bisher noch gar nicht ernstlich daran gegangen, sich die Fortschritte der neueren Philosophie nutzbar zu machen, sondern man bedient sich zur Begründung der principiellen Lehren noch immer der scholastischen Philosophie. .... War die Scholastik der einst dieser Aufgabe gewachsen, so ist es jetzt nicht mehr. .... Es ist höchste Zeit, daß den Vorurtheilen, welche der neueren Philosophie bisher den Eingang in die Theologie versperrten, einmal ein Ende gemacht wird."

Wir müssen diese Auffassung für eine arge Täuschung erklären. Die moderne Philosophie läßt sich nicht so bearbeiten, daß sie mit dem Dogma der Kirche harmonirt. Hermes hat sich vergeblich bemüht, den Kantianismus für die katholische Theologie mundgerecht zu machen; ein ähnlicher Versuch des Günther, dem Hegelianismus seinen antichristlichen Charakter zu nehmen, ist ebenfalls mißglückt. Trotz dieser und anderer zum Nachtheile der katholischen Kirche ausgeschlagenen Versuche unternimmt man es gegenwärtig abermals, in Schelling jenen Philosophen zu erblicken, der sich leicht katholisiren lasse. Es dürfte diesem neuesten Unterfangen des Wilh. Rosenkrantz und seiner Freunde um kein Haar besser ergehen, denn der neuen Philosophie läßt sich die Feindseligkeit gegen das Christenthum, wie es in der katholischen Kirche leibt und lebt, nicht nehmen.

---

[1] Die Prinzipien der Theologie nebst Einleitung über die Prinzipienlehre im Allgemeinen. München 1875. Vorrede p. VII.

Diese Philosophie beruht auf dem stolzen und autoritätswidrigen Satze, daß die menschliche Vernunft die alleinige Quelle der Wahrheit ist. Wenn sie auch die geoffenbarten Wahrheiten anerkennt, so thut sie dies nur, nachdem sie dieselben aus sich geschöpft und auf philosophischem Wege gewonnen hat, d. h. nachdem sie dieselben als geoffenbarte Wahrheiten destruirt und zu Vernunftwahrheiten herabgesetzt hat. Der Rationalismus ist von der neueren Philosophie unzertrennlich; er ist ihr in Fleisch und Blut übergegangen. Dies zeigt sich noch klarer, wenn wir auf die Terminologie der neueren Spekulation näher eingehen.

Was für den Arithmetiker die Zahlen, das sind für den Mann der Wissenschaft die Begriffe. Von ihrem Werthe hängt jeder wissenschaftliche Calcul ab. Bekanntlich nimmt die Theologie ihre Begriffe aus der Philosophie. Es wird nun Niemand läugnen, daß der Inhalt der Begriffe in der alten Philosophie ein anderer ist, als in der neuen. Man denke nur an die Grund- und Stammbegriffe von Sein, Wesenheit, Natur, Substanz, Accidenz, Wahrheit, Person u. s. w. Diese Wörter haben in der neuen Philosophie mitunter den entgegengesetzten Sinn, als in der Scholastik. Davon macht auch das System des Schelling keine Ausnahme. Wollte nun ein Theologe unserer Tage mit den Begriffen der modernen Spekulation die Mysterien des Glaubens erklären, müßten diese dadurch nicht alterirt werden? Würde nicht etwas in sie hineingetragen, was ihnen fremd ist, da sich die Lehren unserer Kirche an den Doktrinen der alten Schule entwickelt und gebildet haben? Die Sache wäre noch einigermaßen erträglicher, wenn die neuere Philosophie wenigstens eine gemeinsame Terminologie besäße. Aber mit den verschiedenen Systemen seit Kant hat auch stets die Terminologie gewechselt. Selbst bei einem und demselben Philosophen findet sich oft eine solche Umbildung der Begriffe. Schelling z. B. hat gegen das Ende seines Lebens ganz anders philosophirt, als in der ersten Periode seiner philosophischen Entwicklung. Welche Verwirrung müßte erst entstehen, wenn die katholische Theologie von dem einen Katheder im Schelling'schen Gewande, von dem anderen nach der Kant'schen Kategorienlehre entwickelt würde? Einen Vorgeschmack hievon bieten die ersten Decennien dieses Jahrhunderts, in welchen die katholischen Theologen vielfach bei den zeitgenössischen Philosophen in die Kost gingen, aber auch eine Waare lieferten, auf die man nur mit zu großem Rechte den Begriff „wässerig" anwendet. Und abgesehen von alledem eine Aufnahme der Schelling'schen oder Rosenkrantz'schen Philosophie in die Theologie würde schon beßwegen ohne allen Werth sein, weil nach dem Princip der neueren Philosophie kein System Bestand hat. Rosenkrantz schreibt selber: „Der Wechsel der Systeme ist in der Philosophie, wenn sie Fortschritte machen will, gar nicht zu vermeiden." Dasselbe lehrt Koch von dem universellen philosophischen Geiste, der „fortwährend in Entwicklung begriffen und daher immerfort neue Ansätze fertigerer Erkenntnisse der einen ewigen Wahrheit machen muß." Demnach muß gar bald einer kommen, der das Schelling'sche und Rosenkrantz'sche System als verfehlt erklärt und uns ein neues präsentirt. Was hätte es dann der Theologie genützt, sich mit Rosenkrantz abgefunden zu haben? sie müßte sich nach dem neuen System abermals ummobeln und so fort bis ans Ende der Zeiten die alte Sisyphus-Arbeit verrichten, ohne je Hoffnung zu haben, zum bleibenden Besitz der Wahrheit zu gelangen.

So viele Uebel aus dem Gebrauch der neueren Philosophie in der Theologie entstehen würden, ebensoviele Güter wird die Rückkehr zur alten Philosophie der zeitgemäßen Entwicklung und Vervollkommnung der katholischen Glaubenswissenschaft bringen. Dieselbe hat in den letzten Decennien zur Freude aller Guten große Fortschritte gemacht, namentlich ist dies seit dem vatikanischen Concil der Fall. Die Theologen haben wieder angeknüpft an die alten bewährten Traditionen. So sehr wir darüber erfreut sind, so werden wir doch nicht behaupten, daß in der Theologie bereits großartige Leistungen vorlägen. Wir können die gegenwärtigen Leistungen nicht von Ferne mit jenem Aufschwung vergleichen, wie wir ihn im 16. Jahrhundert erlebt haben, etwa mit den Werken eines Suarez, Vasquez, de Lugo, Gregor v. Valencia. Ich glaube, daß wir in der Theologie schon weiter gekommen wären, wenn mit der Rückkehr der Theologie zum hl. Thomas auch eine allgemeine Rückkehr zu seiner Philosophie stattgefunden hätte. Seine Theologie kann nicht vollständig gewürdigt und verstanden werden, wenn man nicht auch in seiner Philosophie zu Hause ist. Wenn deßhalb die französischen Bischöfe auf dem Provincial-Concil zu Bordeaux die Restauration der thomistischen Philosophie mit solcher Entschiedenheit (vehementer cupimus) verlangen, so thun sie es nicht blos beßwegen, weil diese Philosophie mit den Dogmen in Einklang steht und zu deren Erklärung sehr brauchbar ist, sondern auch besonders deßwegen, weil sie der Schlüssel ist, um die kirchliche Theologie zu verstehen und sie mit Frucht und Erfolg zu betreiben. Die Sprache unserer Kirche, ihre Dekrete und Lehrentscheidungen, die großen Werke unserer klassischen Theologen sind nur mittelst dieser Philosophie zu verstehen und in ihrer vollen Bedeutung zu würdigen. Namentlich muß jenes meisterhafte Handbuch der Theologie, die Summa theologica des hl. Thomas, jene unerschöpfliche Quelle reichster Doktrin, für jeden ein versiegeltes Buch bleiben, der seine Philosophie nicht kennt.[1]) Selbst der gewonnene theologische Fortschritt dürfte sich nicht erhalten lassen, wenn es dem hl. Vater nicht gelingt, die thomistische Philosophie zum Gemeingut der katholischen Schulen zu machen. Es ist vollkommen wahr, wenn Fuchs in seinen „Reflexionen zur Encyclika" schreibt:[2]) „Damit steht aber auch schon die Errungenschaft der Gegenwart wieder in Gefahr. Denn wenn es nach dem Urtheile verständiger Männer hauptsächlich dadurch dem Feinde gelang, die katholische Wissenschaft zu entstellen und mit vielerlei Irrthümern zu zersetzen, daß man die alte Philosophie als unzeitgemäß und unbrauchbar verworfen hatte, so wird es auch in Zukunft nicht möglich sein, das bisher so mühsam Errungene zu behaupten, wenn man die allbewährten Waffen zu ergreifen und zu gebrauchen sich nicht entschließen will."

Wenn die philosophische Doktrin des englischen Lehrers wieder zum Gemeingut aller katholischen Gelehrten wird, dann wird sich von selber ein weiteres großes Gut einstellen; die katholischen Denker werden wieder einig werden, einig nicht in untergeordneten

---

[1]) Eo fine (sc. vehementer cupimus) ut juniores clerici cum majori ardore et fructu theologiam scholasticam (cui praeit, et indissolubiliter quasi connubit, nec non servit hujusmodi philosophia) amplectantur et optime calleant; nec non ut ejusdem scientiae adminiculo, praeambula fidei melius demonstrentur, dogmata sacra praeclarioribus argumentis illustrentur, et errores praesertim aetatis nostrae facilius interimantur. Eo magis excolenda est haec philosophia, quo intimius cum dogmatibus atque definitionibus et ipsamet lingua Ecclesiae docentis conjungitur, mentesque discipulorum melius praeparat ad intelligenda opera doctorum scholasticorum, praesertimque Summam Theologicam D. Thomae, toties quidem, nunquam vero satis celebratam, quae, uberrimae doctrinae fons semper vividus, iis tamen qui ab ejusdem philosophicis alieni erunt doctrinis, fons clausus et signatus remanebit.

[2]) Linz 1880, p. 73.

Fragen, denn hier ist eine Einheit nicht nöthig, sondern in den Grundfragen und Principien. Bisher haben die katholischen Gelehrten oft ihre beste Kraft im Kampfe gegen einander verbraucht und konnten in Folge dieser Uneinigkeit trotz ihrer redlichen Bemühungen gegen die ungläubige moderne Wissenschaft oft nicht viel ausrichten. Es galt von ihnen das Wort der Schrift: Unus aedificans, et unus destruens: quid prodest illis nisi labor?[1]) Leo XIII. will nun, daß diesem Zustande ein Ende gemacht werde; er will, daß alle katholischen Gelehrten auf dem altbewährten Boden der kirchlichen Wissenschaft sich zusammenfinden und geeint wie eine geschlossene Phalanx gegen den gemeinsamen Feind zu Felde ziehen. Mit dieser Einheit in der Doktrin wird auch wieder eine **katholische Schule** aufleben, eine katholische Schule nicht in dem Sinne, wie wir von einer Hegel'schen oder Kant'schen Schule reden, sondern in einem viel universelleren und großartigeren Sinne, in dem Sinne, daß in allen Schulen des Erdkreises die katholische Theologie nach denselben Grundsätzen und nach derselben Methode vorgetragen wird. Wieviel Vortheil daraus für die einheitliche Auffassung des Glaubens, für katholisches Leben und Denken, für das einheitliche Vorgehen aller kirchlichen Faktoren in den verschiedenen Fragen des öffentlichen Lebens entstehen würde, läßt sich kaum ahnen. Der hl. Vater hat darum nur zu sehr recht, wenn er es für das bringendste Zeitbedürfniß erklärt, daß die Theologie scholastisch, d. h. thomistisch behandelt werde — omnino necesse est, gravi Scholasticorum more tractari.

Diese Brauchbarkeit der alten Philosophie für die heutige Theologie leuchtet noch mehr ein, wenn wir die Form ins Auge fassen, in welcher der moderne Unglaube der Kirche gegenüber treten wird. Allerdings sind es vorerst Kant und die englischen Philosophen der letzteren Jahrhunderte, welche man als Heilmittel für die gegenwärtige wissenschaftliche Misere anempfiehlt, aber es wird sich dieses Heilmittel gar bald als ein verfehltes herausstellen. Dann dürfte jene Richtung die Oberhand gewinnen, die jetzt schon in Aristoteles das Heil erblickt. Es ist der eigenthümliche Charakter dieser Philosophie, wie Kleutgen bemerkt, daß sie stets aufs Neue in der Geschichte auftaucht, entweder im Bunde mit dem Christenthum oder als dessen Gegner. Wenn aber das moderne Heidenthum

---

[1]) Ecclesiasticus 34, 28.

in der Form des Aristotelismus auftreten wird, was kann es für die Theologie eine bessere Waffe geben als die Philosophie des hl. Thomas, die nachweist, daß die Vernunft, die in Aristoteles ihre größten Triumphe gefeiert hat, dem Christenthum nicht feindlich ist, die nachweist, daß der Stagirite für das Christenthum Zeugniß gibt? Ist ja auf diesem Wege die Scholastik entstanden. Sie hat dem arabischen Aristoteles den wahren entgegengesetzt; wohlan, man setze dem modernen, abermals mißbrauchten Aristoteles den vervollkommneten und verbesserten des Mittelalters gegenüber. Wenn es mit derselben Energie und Tiefe des Geistes geschieht, wie es ein hl. Thomas im 13. Jahrh. und ein Toletus und Suarez im 16. Jahrh. gethan haben, dann wird der christianisirte Aristoteles abermals das Abendland von hereinbrechender Barbarei retten und die Quelle neuen geistigen Aufschwungs und wissenschaftlicher Blüthe werden.

3. Für die Naturwissenschaft.

Als man im 15. und 16. Jahrhundert die scholastische Philosophie aufzugeben anfing, wurde als Hauptgrund geltend gemacht, daß sie mit den Resultaten der Naturwissenschaft in Widerspruch stehe. Man verwechselte die Physik der Scholastiker mit ihrer Metaphysik. Weil sie in der Experimentalphysik viel Irrthümliches lehrten, darum hielt man auch ihre Metaphysik und ganz besonders ihre Naturphilosophie für verfehlt. Auch gegenwärtig tritt dieser Vorwurf mit erneuter Heftigkeit auf. Man glaubt, daß man mit der Annahme der thomistischen Doktrin auch all die Irrthümer der Alchymisten und die mitunter geradezu lächerlichen astronomischen Hypothesen in den Kauf nehmen müsse. Manche gehen sogar so weit, daß sie dem Mittelalter die Möglichkeit einer wahren Philosophie geradezu absprechen und zwar beßwegen, weil damals die Naturwissenschaft noch so unvollkommen gewesen sei. „Solange die Naturwissenschaft," schreibt Brentano,[1]) „und jede ihrer Unterarten nicht reiche Knospen getrieben hatten, war für die Philosophie die Zeit des Frühlings noch nicht gekommen. Nun aber, da selbst die Physiologie kräftiger zu sprossen beginnt, fehlt es nicht mehr an den Zeichen, welche auch für die Philosophie die Zeit des Erwachens

---

[1]) Ueber die Gründe der Entmuthigung auf philosophischem Gebiete. Wien 1874. p. 20.

zu fruchtbringendem Leben ankündigen. Die Vorbedingungen sind gegeben; die Methode ist vorbereitet; die Forschung ist vorgeübt." Wäre diese Ansicht richtig, d. h. wäre die Philosophie in ihren Hauptwahrheiten von einer eingehenden Naturerkenntniß abhängig, dann müßte man allerdings die alte Philosophie vollständig verwerfen. Dann wäre es aber überhaupt um die Philosophie schlecht bestellt; sie käme nie zu einer sicheren und soliden Unterlage, da die Naturerkenntniß gerade in den wichtigsten Fragen zu sehr auf Hypothesen und Vermuthungen angewiesen ist und ihre Doktrin dem ständigen Wechsel unterliegt. Glücklicher Weise befindet sich die Philosophie nicht in solcher Abhängigkeit von den Fortschritten der Naturwissenschaft. Sie geht wohl von der Erfahrung aus, aber nicht von der Erfahrung, wie sie durch Instrumente und sorgfältige, oft angestellte Beobachtung gewonnen wird, sondern von der Erfahrung, welche die fünf Sinne und das Selbstbewußtsein tagtäglich jedermann bieten. Diese äußere uns umgebende Welt und das innere Leben der Seele erforscht der Denker mit seinem scharfen Geiste und gewinnt dadurch die Erkenntniß des Wesens der Dinge und ihrer Ursachen. Aus der allgemein menschlichen Sinneserfahrung, aus dem Entstehen und Vergehen der Dinge, sowie aus der Thätigkeit und den Eigenschaften der uns umgebenden Welt haben die mittelalterlichen Lehrer im Anschluß an die peripatetische Philosophie die Natur philosophisch zu begreifen gesucht; die mancherlei chemischen und physikalischen Irrthümer ihrer Zeit haben darauf keinen maßgebenden Einfluß geübt. Wir können deßhalb die Experimentalphysik der Alten vollständig verwerfen, ohne auch nur im mindesten gezwungen zu sein, einen ihrer naturphilosophischen Grundsätze aufzugeben. Damit wollen wir jedoch nicht behaupten, daß eine tiefe und allseitige Naturerkenntniß der Philosophie keinen Vortheil bringt und sie nicht zu tieferen Forschungen veranlaßt; im Gegentheil, es kann für den philosophischen Forscher nichts erwünschter sein, als eine möglichst ausgebreitete Naturerkenntniß. Aus diesem Grunde erwarten wir auch in Folge der großartigen Resultate der neueren Naturkunde einen neuen Aufschwung der Philosophie. Namentlich wird die Verwerthung der physiologischen Erkenntnisse auf dem Gebiete des Empfindens, Denkens und Gemüthslebens manche bisherige Anschauung corrigiren und manches Dunkel beseitigen und dadurch den Ausbau der Psychologie nicht unwesentlich fördern. Nur das halten wir, um es abermals zu sagen, entschieden fest, daß die Philosophie zur Gewinnung ihrer Fundamentalwahrheiten und der Lineamente ihres Systems nicht so fast auf gründliche und vielseitige Erfahrungskenntnisse angewiesen ist, als vielmehr auf die Schärfe und Kraft des spekulirenden Verstandes. Ein tiefer Denker vermag bei geringer Kenntniß der Natur viel weiter vorzubringen, als ein gewöhnlicher Geist bei vielfacher Erkenntniß der Erscheinungswelt. Die physikalischen Irrthümer waren deßhalb kein Grund, die alte Naturphilosophie aufzugeben; dieselben können auch jetzt kein Hinderniß bilden, zu derselben zurückzukehren.[1])

Mit diesem Vorwurf hängt ein anderer noch schwerer wiegender zusammen. Man wiederholt gegenwärtig von allen Seiten, daß die scholastische Naturauffassung im vollen Gegensatz zur „Erfahrung" stehe. Das Wort „Erfahrung" hätten die Scholastiker nicht begriffen. Die Induktion, jenes fruchtbare Mittel, durch das die Naturforschung der Neuzeit ihre unabsehbaren und erstaunenswerthen Resultate gewonnen, ist dem Mittelalter gänzlich unbekannt geblieben. Das Wenige, was sich bei ihnen über die Natur findet, ist nicht aus der Erfahrung geschöpft, sondern a priori aus subjektiven Begriffen und abstrakten Ideen abgeleitet. Wie sollte eine solche Doktrin geeignet sein, die Resultate der modernen Naturforschung in einer höheren Einheit zusammenzufassen und die Phänomene des Erdballs in ihrem letzten Grunde zu erfassen?

Um diesen Irrthum in seiner vollen Nichtigkeit zu zeigen, müssen wir auf den empirischen Charakter der peripatetischen Philosophie hinweisen. Die mittelalterlichen Lehrer sind wohl keine Empiriker im Sinne eines Locke und der Sensualisten, nach welchen unsere höhere Erkenntniß lediglich aus den Sinnen stammt, sie sind aber Empiriker in dem Sinne, als nach ihnen der Intellekt das Material seines Denkens aus der Sinnenwelt schöpft. Naturalis nostra cognitio a sensu principium sumit, so lehrt uns der hl. Thomas.[2]) Das geistige Auge des Menschen hat seinen Blick nicht nach oben, auf Gott, zu richten, wenn es die intelligiblen Dinge sehen will; es vermag auch die Wahrheit nicht in sich selber zu sehen, sondern es muß seinen Blick auf die Sinnenwelt richten,

---

[1]) Vgl. die Schrift des Verfassers „Die scholastische Lehre von Materie und Form und ihre Harmonie mit den Thatsachen der Naturwissenschaft." Eichstätt 1877. 2. Aufl. II. Abschn. V. Kap. „Die Physik und die Metaphysik der Alten."

[2]) Quaest. Disp. de mento art. 6 ad 7.

um deren unvergänglichen Gehalt zu gewinnen. Die Wesenheit der körperlichen Dinge bildet das eigenthümliche Objekt des Verstandes; so lautet die einstimmige Lehre der christlichen Peripatetiker. Weil die peripatetische Schule ihre Ideen und Begriffe aus der sinnlichen Vorstellung abstrahirt, darum sind ihre Gedanken und Ideen auch objektiv real in den Dingen; es ist in ihnen die reale Natur und Wesenheit begriffen. Mag die Spekulation der Scholastik noch so hoch und noch so tief gehen, so bleibt sie doch immer auf realem Boden stehen, da sie immer mit Zahlen rechnet, die der Wirklichkeit und dem sinnenfälligen Augenschein abgewonnen sind. Raphael hat darum in seiner Schule von Athen die beiden Philosophen-Fürsten Plato und Aristoteles richtig gezeichnet. „Plato, der edle Greis, weist mit der Rechten nach oben, gleichsam in jenes Reich der Wahrheit, das über die Erde hinausgeht. Aristoteles, der kräftige Mann, greift mit der Rechten hinaus und deutet mit der gespreizten Hand auf den Boden des Wirklichen, in welchem er die feste Erkenntniß sucht."[1] Wie die alten, so sind auch die mittelalterlichen Peripatetiker mit Aristoteles auf diesem festen Boden der Wirklichkeit stehen geblieben. Dagegen haben die Anhänger der neueren transcendentalistischen Philosophie diesen festen Boden verlassen und haben das Universum mit solchen Ideen und Begriffen zu denken unternommen, die sie in ihrem eigenen Geiste vorgefunden zu haben wähnten. Wir erinnern beispielsweise nur an die aprioristische Naturphilosophie des Schelling und seiner Adepten in unseren Tagen, nach welchen die Natur nicht in Gedanken erfaßt wird, die ihr selber entnommen sind, sondern in Gedanken, die ein „reines Denken" aus sich erzeugt hat, d. h. die jede Beziehung zur Erfahrung ausschließen. „Es gibt noch ein anderes, von der Erfahrung unabhängiges Denken, welches seinen Inhalt aus sich selbst hervorbringt, d. h. ein reines Denken... Seine Richtung ist der des empirischen Denkens geradezu entgegengesetzt. Es bewegt sich nicht mehr in den logischen Formen, sondern erzeugt die Dinge aus ihrem schöpferischen Grunde."[2] Es zeigt sich hier wieder so recht der vollendete Gegensatz zwischen der alten und neuen Erkenntnißlehre; es zeigt sich aber auch, wie

---

[1] Trendelenburg „Kleine Schriften" I. p. 257.
[2] Rosenkranz „Die Prinzipien der Theologie" p. 15 u. 16. Vergl. die gründliche Widerlegung der Rosenkranz'schen Philosophie von Wieser in der Innsbrucker Zeitschrift für Theologie, III. Jahrg.

unbrauchbar die letztere ist, der Naturwissenschaft zu Hülfe zu kommen. Denn, um es abermals zu sagen, Begriffe, die lediglich subjektiv und rein von aller Objektivität sind, lassen sich nie und nimmer auf reale Dinge, auf die Wirklichkeit beziehen. Eine solche Beziehung hat nur bei der pantheistischen Auffassung einen Sinn, weil dort Natur und Geist dasselbe Sein haben, nie und nimmer aber dort, wo man zwischen Körper und Geist eine unübersteigliche Grenze aufstellt.

Durch ihre realistische Erkenntnißlehre vermag die alte Schule wohl die Erscheinungswelt nach ihrem Wesen und Grunde zu denken, aber sie kommt dadurch über ein allgemeines und abstraktes Erkennen nicht hinaus. Soll die Natur in ihren Einzelerscheinungen erkannt, soll aus den einzelnen Dingen und Phänomenen das allgemeine Gesetz gewonnen werden, so muß die Vernunft nicht blos deduktiv, sondern sie muß auch induktiv zu Werke gehen. Aber gerade diesen induktiven Weg sollen die scholastischen Peripatetiker nicht betreten, ja nicht einmal gekannt haben. Diesen Vorwurf konnte man sich einigermaßen vor den letzten Jahrzehnten gefallen lassen. Man hatte damals geglaubt, daß Aristoteles die induktive Methode weder gekannt noch verwerthet habe. Nunmehr steht es ziemlich allgemein fest, daß er der Begründer derselben ist. Oncken nennt ihn geradezu den „Vater der induktiven Methode" und dieß aus einem doppelten Grunde: „Er hat einmal die wesentlichen Grundsätze derselben theoretisch mit einer Klarheit erkannt, mit einer Ueberzeugtheit dargelegt, die den Modernen in Erstaunen setzt, und er hat sodann den ersten umfassenden Versuch gemacht, sie auf das gesammte Wissen der Hellenen anzuwenden".[1] Dasselbe thut Lewes; auch er nennt ihn den Vater dieses Wunderkindes der heutigen Naturforschung. Wie aber sollen dann die mittelalterlichen Lehrer nichts auf die Erfahrung gegeben und nichts von der Induktion verstanden haben? Ist es doch gerade die aristotelische Methode und seine wissenschaftliche Behandlungsweise, der sie mehr folgen, als dem Inhalte seiner Doktrin. Wie Aristoteles lehren darum auch die christlichen Peripatetiker einen zweifachen Weg für die Wissenschaft: der eine geht vom Allgemeinen zum Besonderen und Einzelnen, und das ist die Deduktion; der

---

[1] Die Staatslehre des Aristoteles in historisch-politischen Umrissen. Leipzig 1870. Bd. I, p. 8.

andere führt umgekehrt vom Einzelnen zum Allgemeinen, und das ist die Induktion.¹) Ohne diese letztere ist nach ihnen auch die Deduktion nicht vollkommen, weil die Principien für den Syllogismus nur durch Induktion gewonnen werden. Wie Aristoteles kennen auch sie ein doppeltes Wissen und eine doppelte Gewißheit, eine solche, die auf der Vernunft, und eine solche, die auf der Erfahrung beruht. Auf der letzteren gründet alle Erkenntniß und alles Erforschen der Natur.²) Und daß sie unter dieser Erfahrung nicht eine oberflächliche und ungenaue Beobachtung verstehen, das zeigen die Regeln, die sie darüber aufstellen. Sie verlangen, daß man oft und unter den verschiedensten Umständen das Experiment wiederhole und daß man alle Eigenschaften des Naturphänomens bis ins Kleinste untersuche, um so das Wesentliche vom Zufälligen unterscheiden zu können. Nur so sei es möglich, die wahre Ursache des Phänomens aufzufinden.³) Die heutige Logik stellt für die Induktion als erste Regel auf, daß man soviele Individuen beobachten und soviele Experimente anstellen muß, bis es sich herausstellt, daß die fraglichen Phänomene oder Eigenschaften nicht in der Qualität blos einzelner Individuen, sondern in einer Proprietät wurzeln, die der ganzen Art gemeinsam ist. Dann erst gibt die incomplete Aufzählung einer Anzahl von Thatsachen das Recht, das Gleiche von der ganzen Spezies zu behaupten. Aber auch diese Grundregel für das Induktivverfahren ist dem Mittelalter nicht unbekannt.

Dem Gesagten zufolge läßt sich nicht läugnen, daß die Scholastiker die Bedeutung der „Erfahrung" und auch den Weg kannten, auf welchem die Naturforschung vorwärts schreitet. Eine andere Frage ist es jedoch, ob sie auch von dieser Erkenntniß einen ausgiebigen Gebrauch gemacht haben und diesen Weg auch gegangen

---

¹) Vgl. Alb. Mag. in II. Analyt. Prior. tr. VII. c. 4 u. Duns Scotus in II. Analyt Prior. qu. 8 „Utrum ad bonam inductionem oporteat inducere in omnibus singularibus". Bei Alb. d. Gr. kehrt oft der Ausdruck wieder „ex inductione probatur" oder „per inductionem patet".

²) Omnis notitia nostra in scientia naturali fundatur super experientiam. J. Duns Scotus in I. Physic. qu. 6. Vgl. Alb. Mag. in I. Metaphys. tr. I. c. 1.

³) Multitudo temporis requiritur ad hoc ut experimentum probetur, ita quod in nullo fallat … Oportet enim experimentum non in uno modo, sed secundum omnes circumstantias probare, ut certe et recte principium sit operis. Alb. M. in VI. Ethic. tr. II. c. 25.

sind. Wir nehmen keinen Anstand, zu behaupten, daß das Mittelalter von der Induktion nicht den Gebrauch gemacht hat, der im Interesse der Naturwissenschaft zu wünschen gewesen wäre. Daran ist aber nicht Mangel an gutem Willen und an Interesse für die Natur schuld. Im Gegentheil, die mittelalterlichen Lehrer bekunden überall ein warmes Interesse für die Erforschung der Natur. Wer sich davon überzeugen will, lese nur die ersten vier Capitel des zweiten Buches der Summa contra gentes des Aquinaten. Er wird dort finden, welch' große Bedeutung der englische Lehrer der Erkenntniß der Natur beilegt und welch' großen Nutzen er sich davon verspricht. Er droht sogar denen mit der Strafe Gottes, die sich das Studium der Werke Gottes nicht eifrig angelegen sein lassen. Diesem warmen Herzen für die Natur und ihre Gebilde verdanken wir auch die immerhin nicht unerheblichen Leistungen in jedem Zweige der Naturkunde.[1]) Wenn dieselben nicht reicher und großartiger sind, so tragen daran die damaligen Zeitverhältnisse die Hauptschuld. Die großen Meister der Spekulation hatten eine viel wichtigere Aufgabe zu lösen. Sie hatten die Aufgabe, dem christlichen Gedanken alles Denken und Leben der Menschheit dienstbar zu machen und mit der übernatürlichen Wahrheit alle Verhältnisse des menschlichen Daseins zu durchsäuern. Ihnen verdanken wir jene großartige christliche Kultur des Abendlandes, deren spärliche Ueberreste den einzigen Trost und die einzige Hoffnung für die Zukunft ausmachen. Wo es sich um die höchsten und idealsten Güter der Menschheit handelte, da mußte selbstverständlich die Untersuchung und Beschreibung der Mineralien, Pflanzen und Thiere zurücktreten. Zudem fehlten der damaligen Zeit alle Hülfsmittel, um tiefer in die Natur und ihre Erscheinungen einzudringen: es fehlten die Instrumente, es fehlten die naturwissenschaftlichen Sammlungen, und überdies waren die Träger der Wissenschaft fast ausschließlich Mönche, die an ihre Zellen gebannt waren. Von diesen Männern verlangen, daß sie Naturforscher sein sollen in dem Sinne, wie wir dieses Wort heute gebrauchen, heißt Unvernünftiges verlangen. Doch man möge von den naturwissenschaftlichen Leistungen des Mittelalters so gering denken, als man

---

[1]) R. Coppola hat die Leistungen des hl. Thomas in den verschiedenen Zweigen der Naturkunde in einer kleinen Schrift gesammelt: S. Tommaso d'Aquino e le scienze naturali. Milano 1874.

will, soviel steht für jeden Kenner fest, daß die alte Naturphilosophie mit den feststehenden Resultaten der modernen Naturwissenschaft nicht im Widerspruch steht und daß deßhalb dieselbe für den Fortschritt in der Naturerkenntniß kein Hinderniß bildet. Einen unwiderleglichen Beweis bietet hiefür die jüngste Naturphilosophie des Jesuiten Pesch.[1]) Derselbe benützt alle Resultate der neuesten Physik, Chemie und Physiologie. Dieselben zwingen ihn aber nicht, die Principien der Alten aufzugeben. Ueber Farbe, Geruch, Geschmack und die anderen sinnlichen Qualitäten sind von den Physiologen unserer Tage vielfache Untersuchungen angestellt worden; sie haben viel aufgeklärt, wie die Körperwelt auf unsere Sinne wirkt; es ist dabei mancher Irrthum der alten Physik berichtigt worden, aber all diese Resultate vermochten den Satz der alten Philosophie nicht umzustoßen, daß Farbe, Geschmack und Geruch nicht lediglich etwas Subjektives sind, sondern objektiv in den Dingen sich finden. Die Sinne referiren uns nicht blos, daß etwas außer uns ist, sondern auch, wie beschaffen es außer uns ist. Einen noch stärkeren Beweis für die Harmonie der scholastischen Philosophie mit der heutigen Naturwissenschaft liefern viele und angesehene Vertreter der letzteren selber, die geradezu und offen erklären, daß zwischen den sicheren und feststehenden Lehren der neueren Naturforschung und den Grundsätzen der alten Philosophie kein Widerstreit besteht. Leo XIII. beruft sich auf diese Thatsache, wenn er in seiner Encyclika schreibt: Praeterea, hac ipsa aetate, plures iique insignes scientiarum physicarum doctores palam aperteque testantur, inter certas ratasque recentioris Physicae conclusiones et philosophica Scholae principia nullam veri nominis pugnam existere. Mit Recht beklagt es deßhalb der hl. Vater und hält es für das größte Unrecht, daß man dieser Philosophie den Vorwurf macht, dem Fortschritt und Wachsthum der Naturwissenschaften hinderlich im Wege zu stehen — nonnisi per summam injuriam eidem philosophiae vitio verti, quod naturalium scientiarum profectui et incremento adversetur. Aus diesem Grunde hält

---

[1]) Institutiones philosophiae naturalis secundum principia S. Thomae Aquinatis. Friburgi 1880. In b. cit. Schrift: „Die scholastische Lehre von Materie und Form" habe ich in ähnlicher Weise die Vereinbarkeit der Hauptlehren der thomistischen Naturphilosophie mit den Thatsachen der neuesten Naturforschung nachgewiesen. In diesem Nachweis liegt auch die Bedeutung des Lehrbuchs der Philosophie von Cornoldi S. J. „Institutiones Philosophiae speculativae ad mentem St. Thomae Aqu.". Bononiae 1878.

Leo XIII. vom Studium der Natur nicht ab, sondern fordert zu demselben auf und zwar zu einem eifrigen Studium. „Folget auch darin," ruft er den katholischen Gelehrten zu, „dem Beispiele des hl. Thomas, daß Ihr dem Studium der Naturwissenschaften eifrig obliegt; gerade in dieser Hinsicht verdienen mit Recht die geistreichen Entdeckungen und gemeinnützigen Unternehmungen der Neuzeit die Bewunderung der Zeitgenossen...." [1]

Die thomistische Philosophie ist aber der fortschreitenden Naturwissenschaft nicht blos nicht hinderlich, sondern sie ist ihr sogar sehr förderlich. Der Fehler der modernen Naturforschung liegt darin, daß sie ausschließlich der analytischen Methode huldigt. Sie untersucht und beobachtet die Naturphänomene, zergliedert die Naturgebilde und löst sie in ihre Bestandtheile auf. Aus den beobachteten Thatsachen sucht sie mit Hülfe der Induktion die Gesetze zu gewinnen, welche die Erscheinungswelt beherrschen. So nothwendig dies ist und so sehr ohne eine solche Erforschung des Einzelnen eine wahre Naturerkenntniß nicht möglich ist, so ist doch damit kein eigentliches Wissen gewährt. Es ist nur erkannt, daß die Einzeldinge so beschaffen sind und von solchen Gesetzen beherrscht werden, aber es ist nicht erkannt, warum dieselben so beschaffen sind und warum sie solchen Gesetzen unterliegen. Soll es zu einem Wissen der Naturdinge und ihrer Erscheinungen kommen, dann müssen die Resultate der analytischen Methode mit einander verglichen, in Einheit gebracht, ihre Beziehungen aufgedeckt und aus ihren Ursachen begründet werden. Dazu reicht aber die Naturwissenschaft nicht aus, sondern es muß eine höhere Wissenschaft zu Hülfe kommen, deren Aufgabe es ist, auf synthetischem Wege die Dinge aus ihren Ursachen und die Erscheinungen aus dem Wesen der Dinge erkennen zu lassen, eine Wissenschaft, welche die Herrschaft des allgemeinen Gedankens in der Erscheinungswelt nachweist — die Philosophie. Aber welche Philosophie kann der Naturkunde diesen wissenschaftlichen Charakter und eine solche Vervollkommnung verleihen? Sicher nicht die modern idealistische, denn diese geht nicht von der Beobachtung der äußern und innern Thatsachen und Erscheinungen, sondern von Ideen und Begriffen aus, die der Verstand lediglich aus sich erzeugt, durch die man deßwegen aber auch unmöglich zu einer Wissenschaft von den Dingen, sondern

---

[1] In seiner Ansprache vom 7. März 1880.

höchstens zu einer Wissenschaft des Denkens und des Verstandes gelangen kann. In diese höhere Sphäre kann die moderne Naturwissenschaft nur durch die aristotelisch-scholastische Philosophie erhoben werden. Diese letztere geht nicht blos synthetisch zu Werke, wie die neuere idealistische, sondern ist ebenso analytisch. Sie geht von dem Gegebenen, von der Erfahrung aus und erhebt sich zur Erforschung des Wesens und der Ursache, von der niederen Ursache steigt sie auf zur höheren, bis sie bei der höchsten Ursache und dem höchsten Realgrund alles Seins anlangt, um von diesem aus synthetisch auf umgekehrtem Wege zu den Einzelndingen herabzusteigen und dadurch die unvollkommene Erkenntniß der Analyse zu vervollkommnen. Während die moderne Philosophie lediglich der synthetischen Methode folgt und alles aus Ideen ableitet, und während die heutige Naturforschung lediglich der analytischen Methode vertraut und alle Wahrheit aus der Erfahrung gewinnen will, verbindet die peripatetische Philosophie die beiden Methoden; sie nimmt von jeder die Wahrheit und vermeidet nur den Exceß. Sie allein vermag deßhalb die allseitig gewünschte Versöhnung des Idealen und Realen, des Gedankens und der That herbeizuführen. Unser tiefblickender Papst hat darum vollkommen richtig gesehen, wenn er die schönen Worte niederschreibt: „Quapropter etiam physicae disciplinae, quae nunc tanto sunt in pretio, et tot praeclare inventis, singularem ubique cient admirationem sui, ex restituta veterum philosophia non modo nihil detrimenti, sed plurimum praesidii sunt habiturae. Illarum enim fructuosae exercitationi et incremento non sola satis est consideratio factorum contemplatioque naturae; sed, cum facta constiterint, altius assurgendum est, et danda solerter opera naturis rerum corporearum agnoscendis, investigandisque legibus, quibus parent, et principiis, unde ordo illarum, et unitas in varietate, et mutua affinitas in diversitate proficiscuntur. Quibus investigationibus mirum quantam philosophia scholastica vim et lucem et opem est allatura, si sapienti ratione tradatur".

Ein sprechendes Beispiel haben wir an dem jüngsten Kinde der heutigen Naturwissenschaft, an der Psychophysik. Diese junge Wissenschaft, der sich die tüchtigsten Naturforscher und auch einzelne Philosophen mit dem größten Eifer hingeben, strebt nichts geringeres an, als das Verhältniß von Seele und Leib, Stoff und Geist, psychischer und physischer Thätigkeit naturwissenschaftlich zu erklären. Fechner, ihr Hauptbeförderer, definirt sie deßhalb mit den Worten: „Unter Psychophysik soll eine exakte Lehre von den funktionellen oder Abhängigkeitsbeziehungen zwischen Körper und Seele, allgemeiner zwischen körperlicher und geistiger, physischer und psychischer Welt verstanden werden..... Was gehört quantitativ und qualitativ, fern und nahe, in Körperwelt und geistiger Welt zusammen, nach welchen Gesetzen folgen ihre Veränderungen aus einander oder gehen mit einander? Diese Fragen stellt sich all= gemein gesprochen die Psychophysik und sucht sie exakt zu beant= worten." [1]) Die junge Wissenschaft hat auch bereits anerkennens= werthe Erfolge aufzuweisen. Sie kennt für ein großes Gebiet des sensitiven Lebens das Verhältniß von Reiz und Empfindung; sie weiß, welcher Grad der Empfindung einer bestimmten Reizstärke entspricht. Das Verhältniß von Licht, Schall, Schwere zu den ent= sprechenden Empfindungen ist ihr schon ziemlich bekannt; auch über die unbewußten Empfindungen glaubt sie einiges Licht verbreiten zu können. Was werden wir zu solchen Versuchen sagen? soll die Psychologie sie aus ihren Grenzen verbannen? Sicher nicht; es steht ja fest, daß das sinnliche Erkennen und Begehren durch sinn= liche Organe sich vollzieht und folglich von körperlicher Bewegung und Veränderung abhängig ist. Ebenso ist es eine psychologische Thatsache, daß unser höheres Erkennen und Wollen von der Ge= hirnthätigkeit bedingt ist. Die Metaphysik muß deßhalb derartige Bestrebungen mit Freude begrüßen. Es ist jedoch nur zu sehr zu fürchten, daß die junge Wissenschaft, die zu schönen Hoffnungen berechtigt, sich selber ein frühzeitiges Grab schaufelt, da sie das Verhältniß und die Wechselwirkung von Psychischem und Physischem lediglich auf induktivem Wege finden will. Wenn sie aber auch auf diesem Wege alle körperlichen Vorgänge, alle Bewegungen und Gehirnfunktionen, die beim sinnlichen und geistigen Wahrnehmen vor sich gehen, auf mathematische Formeln zurückgebracht hätte, so wäre damit das Empfinden und Erkennen noch keineswegs erklärt. Die Psychophysiker kommen mit ihren scharfsinnigen und sorgfältigen Analysen doch nicht weiter, als zur materiellen und mechanischen Seite unserer psychischen Vorgänge. Sie glauben wohl mittelst des viel gepriesenen Gesetzes von der Erhaltung der Kraft die Seelen= vorgänge mechanisch erklären zu können. Wenn es aber auch noch

---

[1]) „In Sachen der Psychophysik". Leipzig 1877.

anginge, das Empfinden als einen Umsatz der bewegenden Kraft aufzufassen, ähnlich wie sich die Bewegung in Wärme umsetzt: wie will man das geistige Erkennen und Wollen als umgesetzte Bewegung erklären? Denken und mechanische Bewegung sind so radikal von einander verschieden, daß beide unmöglich mit einander identificirt werden können oder das Eine in das Andere sich verwandeln kann. Sehr richtig bemerkt Gutberlet in seinen trefflichen Artikeln über „die Psychophysik"[1]): „Die geistige Kraft mag in ihrem innersten Wesen noch so geheimnißvoll sein; daß sie aber keine Bewegung ist, sagt uns klar das Bewußtsein, dessen Zeugniß uns über die ganz eigenartige Beschaffenheit der Geistesthätigkeit gewisser macht, als selbst die Sinne und der Verstand über die Natur der Bewegung und der materiellen Kraft. Mögen darum auch noch soviele Bewegungen vorausgehen oder nachfolgen, als wesentlich von aller Bewegung verschiedene Thätigkeit kann sie keinen Umsatz der Bewegung erfahren, nicht aus Bewegung entstehen, nicht in solche verwandelt werden."

Mit einer solchen rein mechanischen Erklärung des Psychischen befindet sich der neue Sprößling auf dem geraden Wege zum Materialismus, dessen absurde und triviale Lehren er bekämpfen wollte. So sehr auch Fechner für die Unsterblichkeit der Seele, für Religion und Tugend eintritt, so hat das alles von seinem Standpunkt aus keinen Sinn mehr. Denn nach ihm ist Leibliches und Geistiges dasselbe Wesen; das Geistige ist nur die innere Seite, während das Leibliche die äußere Seite derselben Substanz darstellt. Physische und psychische Erscheinungen verhalten sich darum ähnlich wie die äußere convexe Seite einer Kurve zur inneren concaven. Soll daher die junge Pflanze nicht rasch von dem kalten Hauch des Materialismus versengt werden, dann muß ihr eine Philosophie zu Hülfe kommen, welche diese Abhängigkeit des Empfindens und Denkens vom Organismus nicht blos anerkennt, sondern durch ihre erkenntnißtheoretischen und psychologischen Lehren auch zu erklären und zu begründen weiß. Eine solche Philosophie ist die peripatetische, welche ja, wie wir gesehen, das Material für das höhere Erkennen und Wollen aus dem Sinnlichen schöpft. Sie lehrt, daß alle sinnliche Thätigkeit weder durch den Körper allein, noch durch die Seele allein sich vollzieht, sondern daß hiezu zwei Faktoren

---

[1]) Natur und Offenbarung. Jahrg. 1879 und 1880.

nöthig sind, nämlich die empfindende Kraft der Seele und das Organ. Sinnesthätigkeit ist darum organische Thätigkeit. Wenn sie aber auch die sinnliche Wahrnehmung oder Empfindung von dem Organ wesentlich abhängig macht, so ist sie weit entfernt, die Empfindung mit der mechanischen Einwirkung des äußeren Objektes oder mit der Veränderung des Organs zu verwechseln. Auch den geistigen Akt macht sie abhängig von dem Organismus, aber die Abhängigkeit des Gedankens ist eine wesentlich andere, als die der Empfindung. Der geistige Akt vollzieht sich durch kein Organ, er ist unorganisch und darum ist er seiner Natur nach vollkommen unabhängig vom Körper. Er ist nur mittelbar und äußerlich vom Gehirn abhängig, insofern als dem höheren Erkennen durch die Phantasie, die sich des Gehirns bedient, das Material zum Denken zugeführt wird. Mit Recht kann deßhalb Webbingen behaupten, daß sich in der Philosophie eines Aristoteles und Thomas die Basis für die heutige Psychophysik findet. Les psychophysiciens sont aujourd'hui en mesure de déterminer par le calcul et la mesure les phénomènes de sensation et de les ramener artificiellement à leurs conditions élémentaires. Mais la base de leur science, saint Thomas et Aristote l'ont réconnue; ils l'ont protégée contre les entreprises d'un idéalisme intempérant et d'une métaphysique vaine, insoucieuse de l' expérience et de la nature.[1])

4. Für die Rechts- und Socialwissenschaft.

Leo XIII. erwartet von der Restauration der Philosophie im Sinne des hl. Thomas nicht blos für die theoretischen Wissenschaften einen großen Fortschritt, sondern auch für die praktischen. Er ist der festen Ueberzeugung, daß die häuslichen und staatlichen Verhältnisse nicht so trauriger Art wären, wenn in den Schulen und auf den Universitäten eine solche Doktrin vorgetragen würde, wie wir sie in den Schriften des englischen Lehrers finden.[2]) Von

---

[1]) L'encyclique de S. S. Léon XIII e la restauration de la philosophie Chrétienne. 4me édition Bruxelles 1880, p. 40.

[2]) Domestica atque civilis ipsa societas, quae ob perversarum opinionum pestem quanto in discrimine versetur, universi perspicimus, profecto pacatior multo et securior consisteret, si in Academiis et scholis sanior traderetur, et magisterio Ecclesiae conformior doctrina, qualem Thomae Aquinatis volumina complectuntur. Encycl.

den verkehrten Anschauungen und den ungeheuerlichen Irrthümern der heutigen Philosophie leitet er es her, „daß das Licht der höchsten Wahrheiten in dem Geiste vieler wie erloschen ist, und daß das allgemeine Verderben nicht blos die einzelnen Menschen, sondern auch die Staaten getroffen hat. Die Principien des sogenannten neueren Rechts, dessen große Gefahren einzelne Staaten erfahren, stützen sich auf gewisse falsche Grundsätze einer hohlen Philosophie." Dagegen erwartet er von der Erneuerung einer gesunden Philosophie zweifellos, „daß sie sowohl die Irrthümer beseitige, die der wahnwitzigen Philosophie unserer Zeit entstammen, als auch die Grundlagen der Ordnung, des Rechtes und der Gerechtigkeit festige, welche die Ruhe der Staaten, das Heil der Völker und die wahre Civilisation der Menschheit sichern."[1]

Wer die mittelalterliche Wissenschaft nicht kennt, der mag sich allerdings höchlich wundern, wie der Papst von der Anknüpfung an diese Wissenschaft das Heil für unsere socialen und wirthschaftlichen Verhältnisse erwarten kann. Für einen solchen ist es ja ausgemacht, daß sich über diese Materien im Mittelalter entweder gar nichts findet oder höchst Unbrauchbares. Was muß man sich denken, wenn man selbst objektive und auf diesem Gebiete bewanderte Männer erklären hört, daß in solchen Materien „das Mittelalter völlig schweige"? Nur aus der starken Abneigung gegen das Mittelalter und auf Grund der argen Vorurtheile, die über sein Wissen herrschen, läßt sich solches einigermaßen erklären, denn sonst müßte jedem Vernünftigen einleuchten, daß Männer, die das ganze wissenschaftliche Gebiet beherrscht und überall so großen Scharf- und Tiefblick verrathen haben, unmöglich das sie umgebende Leben des Volkes, des Staates, der Kirche und Familie unberücksichtigt lassen konnten. Wir geben zu, daß die erste Periode der Scholastik unter Anselm und Abälard über die staatlichen und socialen Verhältnisse uns soviel wie nichts hinterlassen hat, aber seit dem Bekanntwerden der Staatslehre des Plato und noch mehr der des Aristoteles im 13. Jahrhundert finden wir auch dieses Gebiet bebaut und oft sehr fleißig bebaut.

Den ersten Platz unter den christlichen Social-Philosophen des Mittelalters nimmt unstreitig der hl. Thomas ein. Er behandelt die einschlägigen Fragen nicht blos an vielen Orten seiner

---

[1] Aus seiner Ansprache vom 7. März 1880.

Summen und sonstigen Werke (selbst die exegetischen nicht aus=
genommen), sondern er verfaßte auch selbstständige Werke. Wir
nennen von den letzteren nur seine Schrift de regimine principum,
welche uns eine vollständige Staatslehre der damaligen Zeit
bietet. Wenn wir den in diesen Schriften niedergelegten Lehren
für unsere Zeit noch eine Bedeutung beilegen und nach dem heil.
Vater eine sehr große Bedeutung beilegen müssen, so kann diese
Bedeutung weniger in den Detailfragen und in untergeordneten
Lehren liegen, als in den Principien. Wohl stellt der englische
Lehrer mancherlei Untersuchungen an über den Handel, das Zins=
nehmen, Klima, die Anlage von Städten, das Münzwesen, die
Sklaverei u. dgl., deren Kenntniß für den Historiker interessant
ist, die aber für unsere Tage wenig praktischen Werth haben, denn
die Menschheit ist seit 600 Jahren in ihren äußeren Verhältnissen
und socialen Lebensbedingungen eine andere geworden. Dagegen
steht es ganz anders mit den Fragen, welche die Natur und die
wesentlichen Bestandtheile der menschlichen Gesellschaft betreffen.
In dieser Beziehung unterliegt die Societät keinem Wechsel, sie ist
unveränderlich. Solange die Menschheit besteht, wird es immer
eine weltliche Gewalt und gewisse Formen dieser Gewalt geben.
Und immer wird es Gesetze geben und verschiedene Rechte, und
immerdar wird der Staat zu anderen Gesellschaften im Verhältniß
stehen, die ihm über= oder untergeordnet sind. Ebenso wird sich
die menschliche Gesellschaft stets aus Familien und Gemeinden auf=
bauen, wie auch immerdar Freiheit, Gehorsam und Pflichtgefühl in
ihrem Schooße leben müssen. In diesen principiellen Fragen liegt
die Bedeutung der thomistischen Rechtsphilosophie. Es verhält sich
hier ähnlich, wie auf den anderen philosophischen Gebieten. Leo XIII.
will nicht, daß alle philosophischen Lehren des hl. Thomas in Bausch
und Bogen repristinirt werden, er will nur, daß man wieder zu
den Fundamentalwahrheiten und zu den maßgebenden Lehrsätzen
des peripatetischen Systems zurückkehre, die vielfach nicht einmal
mittelalterlichen Ursprungs sind, sondern sich schon bei den heid=
nischen Weltweisen finden. Ebenso will er nicht, daß wir etwa
das Zinsverbot des Mittelalters erneuern oder seine Lehren über
das Münzwesen zur Geltung bringen, sondern er will, daß wir
über den Staat und seinen Ursprung, über die Staatsgewalt und
ihre Grenzen, über Recht, Gesetz und Pflicht, über Freiheit, Ge=
horsam, Gewissensfreiheit, das Verhältniß von Staat und Kirche

und andere fundamentale Punkte so denken und lehren, wie wir es in den Schriften des englischen Lehrers finden. Daß der heil. Vater nur in dieser Beziehung auf die rechtsphilosophischen Lehren desselben Gewicht legt, drückt er selber aus, wenn er sagt: Quae de germana ratione libertatis, hoc tempore in licentiam abeuntis, de divina cujuslibet auctoritatis origine, de legibus earumque vi, de paterno et aequo summorum Principum imperio, de obtemperatione sublimioribus potestatibus, de mutua inter omnes caritate; quae scilicet de his rebus et aliis generis ejusdem a Thoma disputantur, maximum atque invictum robur habent ad evertenda ea juris novi principia, quae pacato rerum ordini et publicae saluti periculosa esse dignoscuntur.

Gerade in diesen Grundfragen thut eine Heilung bringend noth. Die moderne Philosophie hat uns nicht blos auf dem spekulativen Gebiet um alle höhere Wahrheit gebracht, sie hat auch über das Leben des Einzelnen, wie der Völker gräuliche Irrthümer ausgeboren. Diese moderne Philosophie hat vor Allem den Begriff vom Staate verkehrt. Der Staat ist nach ihr nicht mehr der Individuen wegen da, der Staat ist sich selber Zweck, er ist ja nach Hegel sogar der „präsente Gott". Nothwendig mußte durch eine solche Vergöttlichung und Verabsolutirung des Staates auch der Begriff von Gesetz und Recht alterirt werden. Das Staatsgesetz erscheint als etwas Göttliches, als die höchste Norm für den Menschen, von der aus keine weitere Appellation an ein höheres Gesetz möglich ist. Wie der Begriff vom Gesetz, so ist auch der von Freiheit verdorben worden. Nach Kant ist die Freiheit soviel wie Schrankenlosigkeit und Ungebundenheit; der freie Mensch ist von nichts außer ihm abhängig; er trägt das Gesetz seines Handelns in sich selber. Daß in einem solchen System der übernatürliche Zweck des Menschen, sowie jene Heilsanstalt, die diesen Zweck vermitteln soll, keinen Platz mehr hat, ist klar. Der modernen Wissenschaft gilt die Kirche als ein menschliches Werk, das wie jedes andere Produkt der Menschen der Entwicklung und Vervollkommnung und Veränderung unterworfen. Wie sich nach solcher Doktrin das Verhältniß zwischen Staat und Kirche gestaltet, ist unschwer einzusehen. Die Kirche hat einfach nur soviel Recht und Befugniß, als der Staat ihr zugesteht. Auf das öffentliche Leben, namentlich auf die Wissenschaft, ist ihr jeder Einfluß zu versagen, weil ein solcher

Einfluß ein Eingriff in die Freiheit der Wissenschaft wäre. Wir könnten in diesem Tone noch lange fortschreiben, um darzuthun, daß die moderne Philosophie von dem alten christlichen Staatsgebäude auch nicht einen Stein auf dem anderen gelassen hat. Es ist dies aber nicht nöthig, da jedermann ohnedies fühlt, daß unsere socialen und wirthschaftlichen Verhältnisse der gänzlichen Auflösung und einem Verfalle nahe sind.

Wir haben im ersten Kapitel die thomistische Spekulation als eine einheitliche und organische charakterisirt. Es ist dem englischen Lehrer gelungen, Erfahrung und Vernunft in Einheit zu verbinden und mit dem geeinten Erfahrungs= und Vernunftwissen den Glauben harmonisch zu einen. Von dieser organischen Einheit macht selbst= verständlich die Rechts= und Staatslehre keine Ausnahme. Das Leben und Handeln des Einzelnen und der ganzen Menschheit ist versöhnt und aufs innigste verwoben mit Erfahrung, Vernunft und Glaube. Die Rechte des Einzelnen, der Familien und der Communi= täten sind ausgeglichen mit den Rechten der göttlichen und mensch= lichen Auktorität. Ausgehend vom übernatürlichen Endziel des Menschen vermag der Aquinate jedem seinen Platz anzuweisen, dem Denken und Handeln, der Wahrheit und dem Recht, der Freiheit und der Auktorität. Ohne sein eigenes Recht zu verlieren, gliedert sich eines unter das andere bis hinauf zum höchsten Herrn alles Seins und aller Freiheit, zu Gott. Und weil die mittelalterliche Weisheit nicht blos in den Köpfen der Mönche lebte, sondern hinaus= drang in das Leben der Nation und alle Verhältnisse durchsäuerte, darum finden wir auch in diesen Jahrhunderten die Societät in allen ihren Sphären auf das reichste gegliedert und organisirt. Es wird wohl viel gestritten, Päpste und Kaiser, Bischöfe und Landes= herren, Klöster und Ritter liegen oft in blutiger Fehde, aber trotz all dieser Auswüchse der damals noch robusten und urwüchsigen Völker herrscht eine allgemein anerkannte Rechtsordnung, welche diese oft noch so derben Auswüchse ungezähmter Leidenschaft zu heilen vermag. Die starke Kaisermacht absorbirt nicht die Freiheit der Nation; der strenge Corporationsgeist hebt die individuelle Freiheit nicht auf, die ein Kleinod des mittelalterlichen Lebens bildet. Die unbedingte Unterwerfung unter die kirchliche Auktorität hinderte nicht im mindesten die kühnsten und individuellsten wissen= schaftlichen Spekulationen, sie that der wissenschaftlichen Freiheit keinen Eintrag. Ueber alle Sphären und Verhältnisse herrschte nämlich Ein Gedanke und Eine Macht, das göttliche Recht, bei dem alles zu Lehen ging, was damals zu reden und zu befehlen hatte, der Papst und der Kaiser, der Edelmann und der ärmste Vater in seiner Familie. Man hat oft die mittelalterliche Wissenschaft mit einem gothischen Dom verglichen und nicht mit Unrecht; man kann aber auch die damalige Societät mit einem gewaltigen Münster vergleichen, zu dem sich dieselbe selber erbaute und erbauen ließ, und in dem trotz der größten Mannigfaltigkeit des Lebens und Schaffens die strengste Einheit waltet und gleichwohl alles auf die Ehre und den Preis des Allerhöchsten abzielt.

Leo XIII. weiß, daß dieselben Ursachen dieselben Wirkungen erzeugen, und darum erwartet er von der Erneuerung der thomistischen Staats- und Gesellschaftslehre dieselben Früchte für das Leben und Handeln der Völker und Staaten; er erwartet ganz besonders, daß mit der Annahme der thomistischen Rechtsgrundsätze die christliche Gesellschaft wieder einig und geordnet werde. Der hl. Thomas bezeichnet als Zweck der Staatsgewalt die Einheit und Ordnung, aber er versteht unter Einheit etwas anderes, als wenn unsere heutigen Staatsmänner dieses Wort so oft im Munde führen. Die Einheit des Staates darf nach dem Aquinaten nicht so weit gehen, daß sie schablonenmäßig das Leben und Denken der Unterthanen regelt und alles gleich zu machen sucht, sie darf nur soweit gehen, um das friedliche Zusammenleben zu ermöglichen. Der Friede ist das größte Gut des socialen Lebens; ihn hat die Staatsauktorität herzustellen und zu erhalten. Geht die Einheit soweit, daß sie den Frieden stört, dann wird der Nutzen der Societät zum Gegentheil, das Zusammenleben wird zur Last — bonum et salus consociatae multitudinis est, ut ejus unitas conservetur, quae dicitur pax, qua remota socialis vitae perit utilitas, quinimmo multitudo dissentiens sibi ipsi fit onerosa.[1] Weil man nun heutzutage die Staatseinheit in diesem verkehrten Sinne versteht, darum ist dieselbe zur Gleichmacherei ausgeartet. Der moderne Staat duldet keine individuelle Eigenthümlichkeit, kein corporatives Leben, keine selbstständige Entwicklung; alles wird über Einen Kamm geschoren, sogar das religiöse Leben. Dafür herrscht aber auch in demselben der ewige Unfriede. Die unterdrückte Partei bekämpft die herrschende, bis sie ans Ruder gekommen und dann selber be-

---

[1] S. Th. de reg princip. l. I. c. 2.

kämpft wird. Es ist Einheit, aber keine Einheit des Friedens. Weil nun kein Vernünftiger den Zusammenhang von Ursache und Wirkung läugnen kann, darum ist der hl. Vater vollkommen berechtigt, von der Anerkennung der thomistischen Rechtsphilosophie das Heil für unsere kläglichen, politischen und socialen Zustände zu erwarten; er spricht nur zu wahr, wenn er an Cardinal de Luca schreibt: „Längst schon sind Wir bei unseren Erwägungen und Erfahrungen zu der Einsicht gekommen, daß der entsetzliche Krieg, welcher gegen die Kirche und die menschliche Gesellschaft selbst geführt wird, mit Gottes Hülfe am Ehesten und Glücklichsten beendet werden könne, wenn man die richtigen Principien des Wissens und des Handelns durch die philosophischen Wissenschaften überall wieder herstellte. Es ist darum das allgemeine Aufblühen einer gesunden und soliden Philosophie die Hauptsache." [1])

Wir können leider diese grundlegenden Lehren des hl. Thomas nicht im Einzelnen behandeln [2]); es würde dann ihre große Bedeutung für unsere Zeit noch mehr hervortreten. Manche derselben sind geradezu mustergiltig für alle Zeiten behandelt. Man denke nur an seine Abhandlung vom Gesetze, der selbst die erbittertsten Gegner die Anerkennung und die Bewunderung nicht versagen können. Jourbain hält diesen Theil seiner Rechtsphilosophie für die beste Einleitung zum Rechtsstudium, die je geschrieben worden ist und die auch heute noch mit großem Nutzen den Rechtsgelehrten in die Hand gegeben werden kann. Auch untergeordnete Lehren sind mitunter auf unsere Zeitverhältnisse anwendbar. Um z. B. in der Judenfrage die rechte Mitte zu halten, könnte man nichts Besseres thun, als das Opuskulum de regimine Judaeorum wieder auflegen. In dieser Schrift legt der hl. Thomas solche freisinnige Gedanken über die Stellung der Juden im christlichen Staate nieder, daß die Antisemiten Anstand nehmen würden, dieselben zu unterschreiben. Nicht minder würden diejenigen, welche im Staate des hl. Thomas nichts anderes zu finden wähnen, als die Allgewalt der Kirche über alle Verhältnisse, sehr enttäuscht sein, wenn sie in dem Mönche des 13. Jahrhunderts einen ungemein großen Zug nach Freiheit und Selbstständigkeit auf allen Gebieten entdecken würden

---

[1]) In seinem Schreiben vom 15. Okt. 1879 über die Philosophie des hl. Thomas.
[2]) Vgl. die Artikel des Verfassers im Bd. 77 der hist.-pol. Blätter: „Die Staatslehre des hl. Thomas von Aquin und ihre Bedeutung für die Gegenwart."

und ihn Ideen verkünden hörten, die erst das spätere Staatsleben zu verwirklichen im Stande war. Glücklicher Weise fangen die neuesten Forscher auf diesem Gebiete an, dem Mittelalter und besonders seinem großen Meister, dem hl. Thomas, mehr gerecht zu werden. Wir nennen hier die bewährten Namen eines Funk, Roscher, Bischof[1]) und Contzen. Der letztere schreibt in einer kleinen Schrift über die Staatslehre des hl. Thomas die bedeutsamen Worte: „Im Großen und Ganzen können wir aber die thomistische Staatslehre als ein leuchtendes Bild, als einen mahnenden Spiegel der Gegenwart entgegen halten. Sie enthält den Grundstock unserer geistigen Kapitale auf dem hochwichtigen Gebiete der Gesellschafts- und Staatswissenschaften, indem sie uns, wie in Vorstehendem nachgewiesen ist, sehr bedeutsame Anhaltspunkte für die Kenntniß der Natur der Gesellschaft, wie der Gesetze, welche dem Dasein und der Entwicklung derselben zu Grunde liegen, gewährt."[2])

Wenn aber auch der Raum nicht gestattet, die thomistische Lehre im Einzelnen zu behandeln, so dürfen wir doch einen Punkt nicht unberücksichtigt lassen, der die Zeitgemäßheit dieser Lehren nicht minder offenbart. Man hat bis in die neueste Zeit immer a priori über den Staat und die Societät philosophirt und sich um das thatsächliche Leben des Volkes und seiner Glieder wenig gekümmert. Dieser Doktrinarismus will nachgerade nicht mehr gefallen; gediegene Socialpolitiker fangen an, den umgekehrten Weg zu gehen. Sie beobachten und studiren Land und Leute, um die socialen Gesetze aus der Societät selber zu gewinnen. Aus diesem Grunde legt man z. B. heutzutage soviel Gewicht auf die Statistik. Man nennt diese Methode die empirische, weil nach ihr auf demselben Wege die Gesetze des socialen, wirthschaftlichen und politischen Lebens gewonnen werden, auf welchem die Naturwissenschaft die Gesetze der physischen Welt erlangt hat. Die Anwendung dieser naturwissenschaftlichen Methode auf dem ethischen und socialen Gebiete ist aber keine Erfindung der Neuzeit. Aristoteles hat sie als

---

[1]) Grundzüge eines Systems der National-Oekonomie oder Volkswirthschaftslehre. Graz 1876 p. 48—52.

[2]) Zur Würdigung des Mittelalters mit besonderer Beziehung auf die Staatslehre des hl. Thomas v. Aquin. Cassel 1870 p. 25. Vgl. seine beiden anderen Schriften: „Geschichte der volkswirthschaftlichen Literatur im Mittelalter." 2. Aufl. Berlin 1872 und „Thomas v. Aquin als volkswirthschaftlicher Schriftsteller." Leipzig 1861.

der erste gegenüber dem Idealstaate des Plato angewendet. Onken kann ihn darob nicht genug loben.¹) Der Aquinate hat aber diese Methode des Stagiriten adoptirt und ebenfalls empirisch über den Staat philosophirt. Wie seine Kategorienlehre dem empirischen Boden entwachsen ist, so hat er auch seine Lehren über die Funktionen des socialen Lebens, über Eigenthum und Vertheilung der Güter, über Wucher, Armenwesen, Capital u. s. w. dem wirklichen Leben abgelauscht. Aus diesem Grunde steht all das, was die neueste Zeit mittelst dieser Methode über das vielgestaltige Leben und Handeln der Menschheit in unseren Tagen herausgebracht hat, mit den Sätzen des hl. Thomas nicht im Widerspruch, im Gegentheil, es verhält sich wie Weiterbildungen und Vervollkommnungen der thomistischen Lehre, die durch die letztere erst eine feste Basis und einen unerschütterlichen Unterbau erhalten. Auch auf diesem Gebiete braucht deßhalb kein Jota von Wahrheit aufgegeben zu werden, wenn man den Engel der Schule als Führer erwählt. —

Wir haben im Vorausgehenden nachgewiesen, daß die thomistische Doktrin den Bedürfnissen der heutigen Wissenschaft nicht nur nicht entgegen ist, sondern dieselben vollständig zu befriedigen und einen wahren wissenschaftlichen Fortschritt anzubahnen vermag. Wir könnten denselben Nachweis auch für die übrigen idealen Gebiete erbringen, namentlich für die Kunst. Es ist nur zu wahr, wenn Leo XIII. sagt, daß die Kunst stets mit den philosophischen Ideen parallel gehe und von der Wissenschaft des Idealen ihre Richtung, Kraft und ihren Geist schöpfe. Dem großartigen philosophischen Aufschwung des Mittelalters ging auch eine großartige Kunstthätigkeit zur Seite. Deßhalb verlangen alle, welche sich in unseren Tagen die Hebung der Kunst zur Aufgabe gesetzt haben, eine Anknüpfung an die mittelalterliche Kunst. Und jene Völker sind in der Kunst am meisten voran, welche die alte Tradition wieder aufgenommen haben, wie es z. B. England gethan hat. Aber eine wahre Blüthe der Kunst werden wir erst dann erleben, wenn auch die Wissenschaft wieder in den alten verlassenen Wegen wandelt. Doch wir wollen diesen Gedanken nicht weiter verfolgen,

---

¹) „Und diese Methode des Naturforschers, welche Aristoteles selbstverständlich in Allem, was zur Naturwissenschaft selber gehört, am klarsten darzulegen und am vielseitigsten zu erproben Gelegenheit fand, hat er auch auf die Staatslehre angewendet, und darin liegt das epochemachende Verdienst seiner Politik." D. c. W. I. p. 13.

sondern unsere Arbeit mit dem Wunsche schließen, es möchten alle
katholischen Denker in die Intention unseres hl. Vaters eingehen,
auf daß die Philosophie des englischen Lehrers auf allen Gebieten
zur Geltung komme, „jene Philosophie, die ihre Form von dem
schärfsten Denker Griechenlands, ihre Ideen von dem größten Lichte
der Christenheit (Augustin), ihre Ausbildung von Thomas v. Aquin,
den die Kirche als ihren Lehrer verehrt, einem Manne, der den
Scharfsinn des Griechen mit der Erhabenheit des Kirchenvaters
verband, und es darum, wie kein Anderer, verstand, die höchsten
Wahrheiten in einfacher und dennoch strenger Form zu lehren;
diese Philosophie, welche fort und fort, nicht etwa blos von den
Jesuiten, sondern überhaupt von jenen Männern, denen die Kirche
was Wissenschaft und Kampf gegen die Irrlehre betrifft, alles
verdankt, festgehalten und vervollkommnet wurde; die zu allen Zeiten
in allen katholischen Ländern als die eigentlich kirchliche betrachtet,
gelehrt und vertheidigt wurde." [1])   Sybel hat vor einigen Jahren
das stolze Wort gesprochen: „Aber das halten wir für gewiß: mit
der Herrschaft des Thomas von Aquin wird die der römischen
Curie zerschmettert werden." [2])   Es ist wahr, daß der Einfluß
unserer hl. Kirche mit dem Einfluß der Lehre des doctor angelicus enge verwachsen ist. Wohlan, erheben wir Thomas auf den
Schild, auf daß unsere hl. Kirche den ihr gebührenden Einfluß
auf allen Gebieten wieder erlange und durch die Herrschaft des
Aquinaten die moderne ungläubige Wissenschaft zerschmettert werde!

---

[1]) Kleutgen „Ueber die alten und neuen Schulen." München 1869 p. 193.
[2]) Histor. Zeitschrift v. Sybel 1875. 2. Heft; „Thomas von Aquino"
p. 345.